LETTRES ALLEMANDES
série dirigée par Martina Wachendorff

DOS AU MONDE

Titre original :
Der Welt den Rücken
Editeur original :
Carl Hanser Verlag, Munich, Vienne, 2001

ISBN 2-7427-4904-7

ELKE HEIDENREICH

DOS AU MONDE

nouvelles traduites de l'allemand
par Isabelle Liber

ACTES SUD

… car le bonheur d'un couple toujours
tourne le dos au monde…

ROMAIN GARY

L'amour heureux. Est-ce là chose normale
et véritablement utile –
que sont pour le monde deux êtres
pour qui le monde n'est rien ?

WISLAWA SZYMBORSKA

… ton cœur est occupé ailleurs…

INGEBORG BACHMANN

LES PLUS BELLES ANNÉES

Je ne suis partie qu'une fois en voyage avec ma mère, une seule fois. Elle avait alors quatre-vingts ans et elle était encore droite comme un *i*, pleine d'énergie et toujours d'attaque ; moi, j'avais quarante-cinq ans et je souffrais du dos, je me sentais passablement vieille et j'étais tout, sauf satisfaite de la vie que je menais. Ma mère habitait un appartement bien comme il faut dans une petite ville du Sud de l'Allemagne, le mien n'était pas comme il faut et se trouvait dans une grande ville du Nord. Comme ma mère vieillissait, j'allais la voir de plus en plus souvent – par obligation, car nous ne nous entendions pas très bien. Mais je me disais malgré tout qu'elle pouvait avoir besoin de moi et qu'avec l'âge elle allait sans doute s'affaiblir, être plus tête en l'air, perdre un peu la mémoire ; alors, tous les deux ou trois mois, je faisais le voyage pour régler à sa place des détails administratifs, faire de grandes courses chez Aldi, monter sur l'échelle et décrocher les rideaux sales, au printemps fleurir le balcon, et à l'automne tailler les plantes et descendre les pots à la cave – bref, tout ce que l'on fait quand on est fille unique, par sens du devoir, pas forcément par amour. Et, à chaque visite, j'avais l'impression que c'était moi qui devenais plus faible, plus tête en l'air, moi qui perdais la mémoire, et pas elle. Elle m'observait tandis que j'étais perchée sur l'échelle avec les rideaux, donnait des conseils, grondait : "Tu ne vois pas que tu es déjà en train de les crotter avec tes pattes toutes sales", ou alors elle trouvait que je n'avais pas taillé correctement les azalées. Elle ne me remerciait jamais non plus, ne daignait même jamais dire : "C'est bien, ce que tu as fait, Nina !" Elle en avait toujours été incapable. Chez nous, on ne faisait pas de compliments. "Tu vois, quand tu veux !" était la plus grande marque de reconnaissance que ma mère réussissait à prononcer, et il en allait déjà de même quand j'étais enfant et que je ramenais de bonnes notes à la maison – "Tu vois, quand tu veux".

Chaque fois que j'allais la voir, je prenais une chambre à l'hôtel, où le réceptionniste, M. Bürger, m'accueillait avec un baisemain et disait : "Madame Rosenbaum, c'est tout bonnement fascinant de voir la gentillesse avec laquelle vous vous occupez de votre charmante maman, bien peu de filles en feraient autant, et vous, en plus, vous travaillez tellement."

A l'époque, je collaborais à un quotidien, et quand j'arrivais à l'hôtel il avait déjà fait déposer dans ma chambre l'édition du jour, fraîchement sortie de chez l'imprimeur, et s'il s'y trouvait un article que j'avais signé il l'avait marqué d'un point d'exclamation, comme si je ne pouvais pas m'en apercevoir toute seule. Je montais ensuite à l'étage, tentais de me plonger dans la lecture du journal et de ne pas penser à ma mère qui passait dans son appartement une soirée tout aussi solitaire et stupide que moi dans cet hôtel. Pourquoi était-il impossible de nous attabler ensemble autour d'une bouteille de vin, dans la bonne humeur et la paix ? Pourquoi étions-nous incapables de passer ensemble une soirée sympathique, de rire un peu, de dire parfois “Tu te souviens…” et de bavarder, tout simplement ? Parce qu’il n’y avait pas de “Tu te souviens”, sinon empoisonné. Et parce que nous n’étions d’accord sur rien. Nous n’avions vécu ensemble que pendant quinze ans, mes quinze premières années. Après cela, nos rencontres s’étaient limitées à des visites, moi chez elle, elle chez moi, et, depuis, nous vivions plus à l’encontre l’une de l’autre, ou au mieux l’une à côté de l’autre, que l’une avec l’autre. Nous n’aimions pas les mêmes gens, pas les mêmes choses.

A commencer par le vin. J’aime le bon vin sec. Mais, même en sachant que j’allais venir la voir, elle achetait ces bouteilles à bon marché fermées par des capsules, soi-disant parce qu’elle n’avait pas la force d’extraire le bouchon de sa bouteille. Je lui avais déjà acheté au moins cinq tire-bouchons, tous plus pratiques les uns que les autres, chaque fois un nouveau modèle plus performant que l’on pouvait utiliser sans effort. Ils dormaient tous dans le tiroir de la cuisine, et, comme d’habitude, elle servait un vin capsulé, genre “moelleux”, qu’elle ne mettait jamais au frais, par-dessus le marché. Ceci dit, même un vin pareil, je l’aurais bu en y ajoutant de l’eau gazeuse fraîche (“mais je n’ai que de l’eau plate !”), s’il n’y avait pas eu chaque fois cette éternelle discussion – sur moi, sur la manière dont je m’habillais, sur ce que j’écrivais dans le journal, sur ma santé et le peu de soin que j’en prenais, sur mon rapport inconsidéré à l’argent. Inévitablement, elle se mettait à parler de ces sujets qu’elle chérissait par-dessus tout, et la soirée était gâchée. Il ne manquait plus qu’un “Tu ressembles de plus en plus à ton père", et je savais alors que nous nous aventurions sur un terrain glissant et qu'il était temps pour moi de partir.

Cela faisait bientôt trente ans que mon père était mort, mais la colère de ma mère à son égard n'avait jamais faibli, et j'en faisais les frais. J'avais, comme elle le disait, hérité de "toutes ses façons", quoi que cela puisse vouloir dire, et, d'une manière ou d'une autre, nous étions lui et moi responsables du fait que sa vie à elle ne s'était pas déroulée comme elle aurait dû se dérouler.

"Si tu continues comme ça, toi non plus, tu ne feras pas long feu, tout comme lui." C'est ce qui venait ensuite la plupart du temps. Continuer comme ça, cela signifiait : si je continuais à fumer, à boire du vin blanc plutôt que de la tisane, à ne pas faire de sport – à quatre-vingts ans, maman allait encore à la piscine presque tous les jours – et à ruiner mon mariage à force de liaisons. Elle était au courant par ma cousine Margret, avec qui je n'avais plus échangé un mot depuis vingt ans et qui habitait malheureusement la même ville que moi. Dès qu'elle apprenait quelque chose, elle appelait ma mère pour lui dire : "Tante Nellie, tu ne sais pas ce que Nina a encore fait comme bêtise ?"

"Tu ne tiens jamais en place, soupirait ma mère. Comme ton père.

— L'amour est un chantier perpétuel, avais-je dit un jour aussi légèrement que possible, et ma mère avait secoué la tête en disant :

— L'être humain ne peut aimer véritablement qu'une seule fois dans sa vie. En tout cas pour moi, ça s'est passé comme ça."

Je ne pouvais pas croire que ce seul amour véritable ait été mon père, ils s'étaient toujours entendus comme chien et chat, et après la mort de mon père ma mère n'avait jamais plus laissé un seul homme l'approcher et s'était alors réellement épanouie. Il avait donc dû se passer quelque chose avant leur mariage, mais avec qui ? Et surtout quand ? Elle s'était mariée dès l'âge de vingt ans. Quand je suis née, mes parents étaient déjà mariés depuis quinze ans, j'avais été conçue pendant la guerre lors d'une permission, l'enfant du hasard dont on ne voulait pas, née dans les dernières années du conflit. "Je ne voulais pas d'enfant, m'avait répété ma mère assez souvent. Personne ne voulait d'enfant à l'époque. La mort se glissait toutes les nuits dans nos draps." Et avant, qu'avait-elle bien pu avoir avant, comme histoires d'amour renversantes ? Ma mère n'a plus jamais parlé de cet amour auquel elle n'avait fait allusion qu'une seule fois, elle abordait rarement le passé et je ne savais presque rien de ma famille, de la sienne, de celle de mon père, soit parce que nous nous étions disputés avec eux, soit parce que beaucoup étaient morts depuis longtemps. Morts et absents, même de nos souvenirs.

Si je posais des questions, elle prenait un air distant, presque dégoûté. "Dans ma famille, tout était tragique, dans la sienne, tout était chaotique, disait-elle alors, et le sujet était clos une fois qu'elle avait ajouté : Toi, tu tiens de la sienne."

Je savais cela depuis belle lurette et, pour mettre fin à la discussion, j'allais dans la salle de bains où j'observais longtemps mon reflet dans le miroir en y cherchant des ressemblances avec elle. J'avais ses mains et ses rides sceptiques sur le front – rien de plus, espérais-je. Puis j'ouvrais l'armoire de toilette et constatais ce dont je me doutais déjà : tous les produits de beauté coûteux que je lui envoyais – des crèmes de qualité, des huiles pour le corps, des savons parfumés – restaient dans leur emballage dans les tiroirs. Elle continuait d'utiliser son savon et sa crème Nivea. "Je n'ai besoin de rien d'autre, disait-elle, du gras et de l'eau, c'est tout ce qu'il faut, le reste n'est que futilité." Tous mes cadeaux, catalogués comme "futilités", disparaissaient ainsi dans les tiroirs des armoires – les pantoufles, les tricots bien chauds, les cabas pliables –, ce que je lui offrais tombait toujours à côté. "Merci, mais il ne fallait pas, disait-elle lorsque je lui demandais au téléphone si le paquet de Noël lui avait fait plaisir, et : J'ai tout ce qu'il me faut, tu sais. Si tu pouvais enfin être heureuse ou au moins un peu plus patiente, voilà qui serait pour moi la plus grande joie." Je dois cependant avouer que les cadeaux de ma mère ne me plaisaient pas non plus – des sous-vêtements en angora blanc aux tailles vexantes, des boîtes de chocolats à la liqueur qui portaient encore l'étiquette du prix, des sandales ergonomiques achetées au magasin bio. Aucune de nous n'était capable de donner, aucune capable de recevoir – en tout cas pas quand cela venait de l'autre ou lui était destiné.

Une fois mon calme retrouvé, je retournais au salon, mais en général je ne tardais plus à m'en aller. Jusqu'à mon départ, elle parlait à perdre haleine, presque sans point ni virgule, comme le font beaucoup de personnes âgées quand elles sont trop longtemps seules et n'ont plus personne à qui exposer ce qui leur arrive :

"Récemment quand il a fait si beau j'ai revu l'homme aux cheveux longs, va savoir pourquoi il ne les coupe jamais, il m'a dit regardez-moi ces prairies verdoyantes, la chance que nous avons d'être ici, et ces imbéciles qui doivent toujours partir en voyage, je ne comprends pas pourquoi, voulez-vous que je vous dise, des amis à moi, deux mille cinq et zéro ! Zéro ! Je n'ai pas compris tout de suite ce qu'il voulait dire, mais en fait il voulait dire que des amis à lui sont partis à la montagne à deux mille cinq cents mètres d'altitude et qu'il n'y avait pas du tout de neige ! C'est quand même un drôle de coco, celui-là. Sa femme est morte depuis longtemps, je me demande bien comment il se débrouille et s'il se fait la cuisine tous les jours ? Il n'a pas l'air en bonne santé mais ce ne sont pas mes affaires. Et tu sais qui j'ai rencontré aussi ? La dame avec les caniches qui ressemblent à des petits moutons et je lui ai demandé ce qu'était devenu M. Brenner, celui qui était en fauteuil roulant, cela faisait un moment que je ne l'avais plus vu, mais vous n'êtes pas au courant, elle me dit, c'est qu'il est mort, et je lui ai dit, ma foi, c'est sa femme qui doit être contente, depuis le temps qu'elle voulait qu'il meure, elle l'a surpris un jour au lit avec sa nièce et, depuis, leur mariage battait de l'aile. Je ne sais pas ce que c'est que cet instinct chez les hommes, mais apparemment, toi, tu es comme ça aussi. Avant il se donnait toujours de grands airs, mais après, avec son attaque d'apoplexie, eh oui, voilà ce qui peut arriver, et la dame aux caniches m'a dit qu'ils perdent leurs poils comme ça parce que le temps est changeant, personnellement, les caniches ça me fait fuir, qu'est-ce qu'on peut bien trouver à un caniche. Tu n'as pas bonne mine, je le vois toujours tout de suite que tu manques de sommeil."

Arrivait alors un moment où elle faisait une petite pause et où je pouvais dire : "C'est vrai, je crois que je vais aller me coucher maintenant", et, enfin, j'étais autorisée à partir.

Jamais nous ne parlions de choses qui nous concernaient directement.

En guise d'au revoir, nous embrassions le vide à droite et à gauche de nos visages sans nous toucher. J'étais incapable de me souvenir que ma mère m'ait prise une seule fois dans ses bras, qu'elle m'ait caressée, consolée, touchée. Quand j'étais petite, elle me giflait souvent. C'étaient là les seuls contacts physiques dont je me souvenais.

Quand j'arrivais ensuite à l'hôtel et que M. Bürger me disait : "Madame Rosenbaum, j'ai croisé récemment votre maman chez Aldi, c'est étonnant, la santé qu'elle a ! Et toujours si soignée, et comme elle se tient bien droite ! Pour ça, vous tenez d'elle. Vous voulez que je vous dise ? Vous lui ressemblez de plus en plus", j'étais alors au trente-sixième dessous et je ne rêvais plus que d'un bon bain chaud et du minibar.

Pour ses quatre-vingts ans, ma mère avait invité du monde, quelques vieilles dames. Devant une telle assemblée, je devenais parfois la fille modèle qui travaillait dans la presse et dont le mari dentiste avait une situation fort confortable. On pouvait alors entendre des phrases comme : "Ma fille a très bien réussi" ou : "Récemment, Nina a publié toute une page sur Greenpeace", et, cette fois-ci, elle a déclaré : "Nina part demain pour l'Italie, elle va y travailler pour son journal" et les vieilles dames se sont montrées très impressionnées.

C'était vrai, je voulais aller à Milan, mais pas pour y travailler. Je voulais revoir Flora. Flora et moi, nous nous étions rencontrées quelques semaines auparavant à New York, et nous étions tombées éperdument amoureuses l'une de l'autre. Nous voulions à présent voir ce qui subsistait de ce coup de foudre qui nous avait frappées toutes les deux le premier soir, immédiatement, dès les premiers mots et les premiers regards, dès son arrivée à cette soirée où Ludwig et moi étions invités. Nous étions restées l'une près de l'autre à nous regarder et à parler, parler, parler, toutes deux au comble du bonheur et de l'étonnement. Elle avait quarante ans, vivait seule, avait toujours été la maîtresse d'hommes mariés. Il y avait déjà eu dans sa vie une brève histoire avec une femme – pas dans la mienne. Je n'y avais même jamais songé, bien qu'il me fût déjà arrivé de ressentir un peu d'envie en regardant deux femmes s'enlacer tendrement. C'était différent de deux amies qui s'enlacent, et depuis des années, j'éprouvais le besoin vague d'être aimée par une femme. Lorsque j'ai vu Flora, son visage ovale, ses yeux sombres, je me suis sentie transportée, et amoureuse comme cela ne m'était arrivé jusque-là qu'avec des hommes. Quand Ludwig a repris l'avion pour l'Allemagne, je suis restée quelques jours de plus à New York et j'ai vécu avec elle la plus tendre, la plus excitante, la plus belle semaine de ma vie. J'ignorais à quel point il est merveilleux d'être enlacée et aimée par une femme, et voilà que je regardais maintenant ma mère en pensant : "Tu n'as toujours fait que me repousser. Peut-être me faut-il aujourd'hui rattraper quelque chose", et elle a demandé :

"Pourquoi est-ce que tu me regardes comme ça ?

— Pour rien", ai-je dit tout en pensant : Si tu savais ! Mais tu ne sais pas, et personne ne sait, seul Ludwig a des soupçons, mais il ne s'intéresse plus assez à moi pour poser des questions.

Ludwig vivait sa vie, moi la mienne. Nous nous retrouvions plusieurs fois par semaine pour dîner ensemble, soit chez lui, soit chez moi, nous avions des rapports amicaux et simples, mais la passion nous avait fait faux bond ces dernières années, et il faut croire que l'amour aussi. Nos deux fils désormais adultes avaient quitté la maison, et ils ne me manquaient pas. Ils étaient devenus de jeunes loups séduisants, portaient des costumes bien taillés et les cheveux courts, impeccables, ils brisaient à la chaîne les cœurs des jeunes filles et avaient autant besoin de leurs parents que nous d'eux. Nous nous téléphonions ; de temps en temps, une petite visite, un coup de fil, ça n'allait pas plus loin, et je me demandais ce que j'avais fait, au fond, pendant ces vingt-quatre dernières années et où je m'étais trouvée pendant tout ce temps. Cela me faisait du bien d'avoir enfin mon propre appartement. Je me sentais parfois très seule, un peu perdue, mais jamais isolée. J'en étais persuadée : tout n'était pas fini. Quelque chose m'arriverait encore. En tout cas, moi, j'étais sur émission et réception. Et quand Flora est entrée dans cette pièce, à New York, la fréquence était la bonne – un fil était tendu entre elle et moi, et il vibrait.

Voilà pourquoi je voulais aller à Milan. Dans deux jours, Flora devait rentrer d'un séminaire à New York. Elle était ornithologue dans un institut milanais, ornithologue justement dans un pays où de petits machos redevenus sauvages attrapent les oiseaux dans des filets, leur tordent le cou et les dévorent. Je voulais lui demander comment elle faisait pour vivre avec cela, car à New York je n'avais pas eu le temps de poser de questions. Nous nous étions aimées, tout à l'étonnement de ce qui nous arrivait.

Après le départ des vieilles dames, j'ai aidé ma mère à ranger. Elle se délectait de leurs infirmités – Mme Fischer, qui avait huit ans de moins qu'elle, en paraissait au moins dix de plus, Mme Herzog était devenue une vieille chose bringuebalante, Mme Kindermann n'entendait plus rien du tout et devenait du coup franchement fatigante. J'acquiesçais à tout, contredire ne servait à rien de toute façon, et d'ailleurs, comparée à d'autres vieilles dames, ma mère faisait effectivement figure de *Queen Mum* : toujours chic, toujours décidée, toujours la première partout. J'ai rapporté les assiettes et les coupes à la cuisine.

"Mais c'est moi qui fais la vaisselle", a déclaré ma mère. Cela me convenait parfaitement, car je n'aimais pas ses éponges qui sentaient le moisi, et d'ailleurs je ne faisais pas la vaisselle comme elle l'entendait, j'utilisais trop de produit, gaspillais trop d'eau, et que sais-je encore.

Elle a empaqueté pour moi les restes pâteux et trop sucrés du gâteau roulé au citron.

"Tu pourras le manger plus tard, a-t-elle dit, et j'ai protesté :

— Je n'aime pas ça, c'est trop gras, ça me fait grossir.

— Je ne voulais rien en dire, a enchaîné ma mère, mais c'est vrai que tu as forci. Combien pèses-tu, maintenant, soixante-dix ?

— Soixante-huit, ai-je répondu, et elle a soupiré :

— A ton âge, tu ne les perdras plus. Ce sont les hormones." Puis elle a ajouté : "Ma foi, soixante-huit, ça peut encore aller."

Voilà comment elle était – “ça peut encore aller” était son plus grand compliment. Enfant, quand je revenais de l’école avec un B en allemand ou en latin, et non pas un A, je m’entendais dire : “Ça peut encore aller”, et à quinze ans, quand, croyant m’être fait belle pour aller à une fête ou au cours de danse, je demandais : “C’est bien, comme ça ?”, elle me regardait d’un œil critique et répondait : “Ma foi, ça peut aller.” Complimenter, approuver, cela ne faisait pas partie de son vocabulaire, cela ne sortait pas, voilà tout, comme si faire un compliment à autrui avait risqué de la dévaloriser ou de l’amoindrir. Elle mourante, je suis restée assise à son chevet – elle était pour ainsi dire sur la dernière ligne droite, pouvait encore à peine respirer, les yeux écarquillés d’étonnement – et je lui ai dit : “Maman, tu es toujours aussi belle, tu n’as pas une seule ride”, et, à cet instant, j’ai remarqué que je ne lui avais jamais fait de compliments auparavant ou dit quelque chose de vraiment gentil. Je n’en ai été capable que lorsqu’elle ne pouvait déjà plus me répondre, et c’est à sa place que j’aurais alors souhaité être allongée, sans vie et sans espoir, pour qu’elle me parle d’amour, qu’elle me complimente, qu’elle soit proche de moi, au moins une fois dans ma vie.

Elle a mis dans un sac plastique le roulé au citron empaqueté, me l’a donné et a déclaré d’un air radieux : “Tu adorais ça quand tu étais enfant.” Inutile de dire ce que j’avais sur le bout de la langue : oui, mais je ne suis plus une enfant. A ses yeux, j’étais toujours cet être raté, inachevé, dont elle n’avait pas voulu, et, qui sait, les restes d’un roulé au citron pourraient peut-être encore faire quelque chose de moi.

Lorsque je lui ai dit au revoir, elle m’a glissé dans les mains, en plus du sac avec le roulé au citron, le cadeau que je lui avais fait pour son anniversaire – une écharpe de cachemire bleue. “Tiens, mon petit, a-t-elle dit, c’était une gentille attention, mais je ne porte plus de bleu, et des écharpes, j’en ai plein mes tiroirs, qu’est-ce que je pourrais bien en faire.” C’était comme toujours, et pourtant différent. Car lorsque je me suis retournée pour lui faire au revoir de la main, elle a tout à coup déclaré :

“Milan ! Je ne suis jamais allée à Milan !”

Et comment aurait-elle pu – elle avait très peu voyagé dans sa vie. Elle avait fait une fois en bus un voyage organisé à travers la France et n’avait jamais cessé de s’étonner de ce que, là-bas, les enfants parlent français couramment dès le plus jeune âge.

“Enfin, maman, avais-je dit, ils sont français, ils grandissent avec, c’est leur langue maternelle.

— Oui, mais quand même, avait-elle persisté, être si jeune et parler déjà le français couramment, chapeau bas.”

Quand je racontais ce genre d’histoires sur ma mère, mes amis trouvaient toujours cela très drôle. Moi, cela ne me faisait plus rire, car le mur qui grandissait entre nous depuis mon enfance était non seulement haut, mais aussi instable. Il tremblait et menaçait de s’écrouler sur l’une de nous à chaque visite, à chaque conversation, si nous y cognions trop fort. Je sais aujourd’hui que j’aurais pu rire beaucoup avec ma mère – mais à l’époque nous pensions toutes deux dès le premier instant, quand je venais lui rendre visite et qu’elle m’ouvrait la porte : Ah, il y a encore de vieux comptes à régler. Des blessures qui saignent encore. Et alors il n’y avait vraiment pas de quoi rire.

Il ne me serait jamais venu à l'idée de partir en voyage avec ma mère, et sûrement pas à Milan, où j'avais prévu de revoir Flora. Mais voilà qu'elle se tenait devant moi, petite et énergique, me regardant d'un air menaçant et disant : "Pourquoi est-ce que je ne t'accompagnerais pas ? L'Italie ! Ça, ce serait un beau cadeau pour une fois. C'est peut-être mon dernier anniversaire."

Elle répétait la même chose depuis une bonne vingtaine d'années – c'est mon dernier Noël, je ne serai plus là pour le prochain anniversaire, je sens que mes forces me quittent, ou sa phrase favorite, dès qu'elle avait le moindre rhume : "Je n'ai plus qu'un jour à vivre." Ce n'étaient que tentatives de chantage. Dès qu'elle allait mieux, ou que Noël, Pâques et son anniversaire étaient passés, elle se ressaisissait, persuadée alors d'avoir fait une bonne affaire en achetant un manteau de vison noir, et non brun, car elle ferait ainsi meilleure impression à mon enterrement, et si elle venait malgré tout à mourir avant moi, alors, ma foi, je pourrais toujours le porter au sien.

"C'est bien trop fatigant pour toi, ai-je commencé évasivement, tout en essayant de me représenter un voyage en voiture avec ma mère.

— Si tu tiens le coup, je tiendrai le coup aussi, a-t-elle dit. Milan ! C'est sûrement très beau.

— Justement, Milan, ce n'est pas si beau que ça, ai-je dit et elle a répondu du tac au tac :

— Pourquoi y vas-tu alors ? Encore un de ces types ?"

Je me suis tue avec obstination et j'ai fait ce qu'elle avait elle-même baptisé la tête de Chinois – sucré-salé.

"Oh, la tête de Chinois, a-t-elle dit, bon, bon, je ne te demande plus rien, chacun doit savoir comment il se rend malheureux.

— Ou heureux."

Je n'ai pas pu m'en empêcher et elle a répliqué :

"Pour une fois, ce serait bien.

— Je vais voir une femme avec qui je travaille, ai-je fini par dire.

— Qu'est-ce que tu fabriques avec une Italienne ?" a-t-elle demandé d'un ton méfiant.

Je commençais à perdre patience.

"Ecoute, maman, ai-je dit, on se fiche complètement de savoir ce que je vais fabriquer là-bas, c'est un long voyage, il fait chaud, c'est fatigant, je vais rester deux ou trois semaines, comment est-ce que tu comptes revenir ici ?

— Mon Dieu, il y a bien des avions, a-t-elle dit, je pourrais rester deux jours et puis prendre l'avion pour rentrer, et Klaus viendra me chercher."

Ma mère n'avait pris l'avion qu'une seule fois, pour se rendre à Berlin à l'enterrement de sa sœur Luzie, et voilà qu'elle se mettait à parler comme si elle avait la carte "grand voyageur" et passait son temps par monts et par vaux. Klaus était un petit-neveu qui habitait dans le coin et qui s'occupait parfois d'elle.

"Bon, ai-je dit, bonne nuit, je suis fatiguée, je voudrais rentrer à l'hôtel. Je passe te voir demain avant de partir, après le petit-déjeuner, d'accord ?

— Bien, d'accord, a-t-elle dit, tiens, n'oublie pas ce délicieux roulé et l'écharpe bleue. C'est vrai qu'elle est douce, mais je ne porte pas ce genre de choses."

J'ai pris l'écharpe et je suis partie. A l'hôtel, le réceptionniste m'a demandé :

"Est-ce que le cadeau a plu à votre chère maman ?

— Enormément", ai-je dit en enfonçant l'écharpe au fond du sac en plastique où elle a rejoint le roulé dans un bruit de bouillie.

Je ne l'avais achetée que la veille et l'avais montrée au réceptionniste lorsqu'il m'avait demandé ce que j'allais offrir à ma chère maman. Son quatre-vingtième anniversaire avait été annoncé dans le journal, le maire avait même écrit pour la féliciter. "Il faut justement que ce soit lui, avait-elle dit, cet abruti de chrétien-démocrate", et elle avait déchiré et jeté la carte d'anniversaire dans les toilettes, comme autrefois mes premiers poèmes, et plus tard, à la mort de mon père, l'alliance qu'elle portait.

Cette nuit-là, j'ai mal dormi, rêvant du voyage avec ma mère, de Flora.

Le lendemain matin, je suis repassée chez elle. Elle m'a ouvert la porte, vêtue d'une robe d'un bleu lumineux ("Je ne porte plus de bleu !") que je n'avais jamais vue sur elle. Elle était rayonnante, elle avait mis à son poignet un bracelet en or que la cousine Margret et son mari lui avaient offert pour ses soixante-dix ans, et dans le couloir il y avait un petit sac de voyage. "Prête, a-t-elle dit, je suis tellement contente, tu sais."

Il m'a d'abord fallu avaler ma salive et m'asseoir.

"Enfin, maman, ai-je dit, nous allons faire des heures et des heures de voiture, et puis…

— Mais je sais tout ça, a-t-elle dit avec impatience. J'aime bien être en voiture. La seule chose que ton père savait bien faire, c'était conduire ; le dimanche, nous allions souvent au château de Drachenfels manger un bouillon de poule. Tu crois qu'on peut aussi manger des plats sans ail à Milan ? Je ne mange rien qui ait de l'ail."

Je ne pouvais qu'être admirative. Elle arrivait encore à me surprendre, et cela faisait si longtemps que je ne l'avais pas vue dans une humeur si radieuse que je n'ai pas eu le cœur de dire non. J'avais prévu de passer deux jours à l'hôtel, de me balader dans Milan, de retrouver mon calme, de devenir un peu italienne, puis je devais emménager chez Flora pour quelques jours, une semaine, peut-être deux. Il fallait donc que ma mère rentre en avion au plus tard dans deux jours – cela devait bien pouvoir se faire, et puis j'avais dans l'idée que nous pourrions peut-être, dans la voiture, parler enfin vraiment de certaines choses qui me pesaient depuis si longtemps sur le cœur. La voiture est un espace clos formidable, personne ne peut en sortir vexé en claquant la porte, et, comme je devais me concentrer sur la route, je ne pouvais pas perdre les pédales.

"Bon, ai-je dit, on peut essayer. En route."

J'ai pris son sac de voyage tandis qu'elle fermait les stores à grand bruit.

"Tu as ton passeport ? ai-je demandé, et elle a répondu :

— Mais qu'est-ce que tu crois ? Je ne suis pas une vieille gâteuse ! Bien sûr que j'ai mon passeport." Et soudain, elle s'est mise à fredonner : "Connais-tu le pays des citronniers en fleur ? Là-bas, je voudrais, ô mon amour, m'en aller avec toi."

Quand j'étais petite, ma mère chantait souvent avec moi, et elle connaissait par cœur un nombre incalculable de poèmes qu'elle récitait en toute occasion. J'ai le souvenir d'une époque heureuse – même si je n'avais jamais le droit de grimper sur ses genoux, de venir faire des câlins dans son lit, ou même de la tenir par la main.

Ma mère, pour une raison que j'ignorais, semblait s'être interdit à jamais toute marque de tendresse. Mon père avait deux maîtresses, une jeune pimbêche blonde et une vendeuse sympathique de son âge, qu'il voyait régulièrement et chez qui il passait souvent la nuit.

"Je suis chez Walter", disait-il, ou encore : "Ne m'attendez pas, je passe la nuit chez Otto."

"C'est ça, disait alors ma mère, dis à Walter de mettre moins de parfum, tu as une odeur abominable quand tu rentres de chez lui" ou : "N'oublie pas d'apporter à Otto les dessous de soie que j'ai vus dans ton armoire."

Enfant, je ne comprenais pas ; cela me faisait rire, car mon père avait cinq frères, tous très drôles, et je pouvais bien imaginer sur leur compte les histoires les plus extraordinaires. Oncle Otto était comptable, il était le seul à devoir être toujours chic, en costume-cravate, et c'est pourquoi ses frères le surnommaient "Monsieur Dandy". Oncle Walter avait un penchant pour la bière qui lui avait valu le nom de "Monsieur Bibine", oncle Hermann était fabricant de stores, dit "Monsieur Jalousie", oncle Fritz était accessoiriste dans un théâtre, d'où son surnom de "Monsieur Fourbi", et oncle Theo, le seul croyant, qui allait souvent à l'église et faisait sans arrêt des dons pour des projets caritatifs, était tout naturellement "Monsieur Jésus". Mon père avait été baptisé "Monsieur Marrant", parce qu'il était toujours de bonne humeur – sauf à la maison ; mais quand j'avais la permission de l'accompagner chez ses frères et leurs femmes – le 25 décembre, pour l'anniversaire de grand-mère ou le mien – c'était toujours la fête, une fête où l'on riait et buvait beaucoup. Celui que je préférais, c'était "Monsieur Fourbi". Souvent, il me rapportait du théâtre de petits chapeaux à plumes, des gants cousus de perles ou des sabots de bois que ma mère reniflait avec méfiance en disant : “Il ne manquait plus que ça”, et hop, à la poubelle, si je n’y prenais garde.

Une fois dans la voiture, je lui ai demandé :

“Est-ce que les frères de papa sont toujours en vie ?

— Monsieur Jésus, a-t-elle dit. Monsieur Jésus est toujours en vie, je le sais par tante Karla qui m’appelle de temps à autre.”

Mon père avait aussi deux sœurs, tante Karla et tante Paula. J’avais vu tante Karla pour la dernière fois à l’âge de quinze ans – à l’enterrement de mon père. Elle pleurait à chaudes larmes et avait pris ma mère plusieurs fois dans ses bras, geste auquel ma mère, à mon plus grand étonnement, avait répondu avec tendresse et sincérité. A l’époque, c’était une grande et belle femme ; aujourd’hui, elle devait avoir dans les quatre-vingts ans. Son mari n’était jamais revenu de la guerre, elle s’était alors installée chez tante Paula, qui avait épousé un policier, et avait ouvert une mercerie qu’elle avait tenue pendant des années. De temps en temps, ma mère me tricotait quelque chose avec la laine qu’elle achetait chez tante Karla et tante Paula – elle tricotait mal, bien que volontiers –, mais à la mort de mon père tous les contacts avec cette famille ont cessé. Ma mère a emménagé dans cette petite ville du Sud, je suis entrée en pension pour passer mon bac et en dehors de tante Karla, qui m’a rendu visite deux ou trois fois, je n’ai plus revu aucun de mes oncles ou tantes. Ecrire n’était pas dans les habitudes de cette famille, et c’est ainsi que les relations ont tourné court, même si je pensais souvent à Monsieur Fourbi, Monsieur Bibine et Monsieur Dandy.

“Finalement, nous n’avons plus aucun parent, ai-je dit. Tes sœurs sont mortes, la cousine Margret est une vieille peau, et pourtant, nous étions une grande famille, avec papa qui avait sept frères et sœurs et toi cinq – qu’est-ce qu’ils sont tous devenus ?

— Emportés par le vent, a dit ma mère en ajustant sur son nez une paire de lunettes de soleil tordues. Walter a eu un cancer, Otto un infarctus, Fritz est passé sous un tramway, Hermann est mort de l’appendicite, Paula a bu jusqu’à plus soif. Il ne reste plus que Karla et moi.

— Vous avez encore des contacts ? ai-je demandé, et elle a répondu :

— Rarement.”

Quant à la famille de ma mère, j’étais un peu plus au courant de ce qui s’y était passé puisque je l’avais vécu de plus près : à part son frère Willi, tous étaient décédés, et lui, elle ne lui parlait plus parce que c’était un nazi – comme s’ils n’avaient pas tous été nazis. Il faut dire qu’il en avait un paquet à se reprocher, lui qui était même allé jusqu’à dénoncer son propre père pour propos antipatriotiques. C’est ainsi que mon grand-père s’était retrouvé dans un camp et en était revenu avec une maladie dont il est mort rapidement. Lorsque l’oncle Willi est rentré de Pologne, plus personne ne lui adressait la parole, sauf sa femme Maria.

“Dans ma famille, il y avait quatre personnes qui n’avaient qu’une seule jambe, a annoncé ma mère joyeusement et sans préambule, j’en aurais presque raté la bifurcation pour Bâle.

— C’est un problème génétique ? ai-je demandé. C’est de famille, tous ces unijambistes ? J’ai eu de la chance alors.

— Oncle Heinrich, a-t-elle commencé, était diabétique, ils ont dû l’amputer d’une jambe très tôt. Oncle Moritz a eu un cancer des os et, lui aussi, on l'a amputé. Oncle Moritz était bien plus riche qu'oncle Heinrich, il lui envoyait toujours ses vieux costumes. Mais sur ses pantalons, c'était la jambe gauche qui était nouée, chez oncle Heinrich, c'était la droite, et il ne voulait pas porter des pantalons qui faisaient des faux plis, ils se chamaillaient toujours pour cette raison.

— Et les deux autres ? ai-je demandé.

— Mon grand-père, a-t-elle continué, il était cordonnier dans le Westerwald, fermier et cordonnier, et un jour il a voulu se confectionner une paire de souliers en beau cuir, mais lorsqu'il les a enfilés pour la première fois il s'est aperçu qu'ils étaient trop petits. Il était tellement en colère qu'il s'est coupé les orteils à la hache. On a dû lui amputer le pied."

Je n'avais plus à me demander d'où venait l'irascibilité et l'impatience qui, depuis mon adolescence, caractérisaient mes rapports avec ma mère. Un jour, elle m'avait battue jusqu'au sang avec un tisonnier, mais, ensuite, elle n'avait plus jamais voulu en entendre parler. A l'époque, j'avais montré les cicatrices au pasteur avec qui j'avais fait quelque temps auparavant ma confirmation. Peu après, on m'a envoyée en pension pour m'éloigner d'elle. Pendant cinq ans, nous ne nous sommes plus vues, pas un signe de vie, rien. Ma tante Karla était la seule à m'envoyer de temps en temps un petit colis avec des gâteaux, des bonbons et un peu d'argent.

"Et le quatrième, a-t-elle dit, c'était oncle Jupp, lui, on lui a tiré dans la jambe, en Russie, et puis il est mort dans un camp de prisonniers."

Nous nous sommes tues et, soudain, je me suis dit : Maintenant, je vais lui demander. Cela fait si longtemps, pourquoi ne pourrais-je pas amener la conversation au moins une fois sur le sujet, peut-être bien qu'elle dira "je suis désolée", et j'ai demandé à ma mère :

"Pourquoi est-ce que tu m'as battue comme ça il y a des années ?"

La réponse a été immédiate.

"Je ne t'ai pas battue."

Sans un mot, j'ai accéléré, l'autoroute était comme tracée à la règle, le soleil brillait. Au loin se dessinait un pont. "Maman, ai-je dit, je fonce droit sur le pilier de ce pont si tu n'admets pas une fois, une seule fois dans ta vie, que tu m'as battue comme une folle, bon Dieu." Elle se taisait, je roulais, le pont se rapprochait. J'ai pris la voie de gauche, visé le pilier du milieu et, soudain, je me suis sentie très calme.

Et puis après ? ai-je pensé. Peut-être qu'avec Flora ce n'est qu'une erreur de plus finalement, à quoi bon, comme ça ce sera terminé. J'étais étrangement calme, je me sentais presque légère, comme si l'on me déchargeait d'une décision plutôt que de m'obliger à la prendre. Je ne faisais plus que fixer le pilier, j'attendais le choc en pensant que j'allais maintenant – comment dit-on cela – accomplir mon destin, que c'était justement avec ma mère que j'allais mourir et être enterrée, et que nous resterions ainsi côte à côte, sans amour, pour les siècles des siècles, amen. "Délivre-toi de cette terreur reçue en héritage car je ne suis pas ce squelette qui épouvante", c'est aussi ce que je pensais, presque joyeuse, et le pont se rapprochait. Ma mère a saisi mon bras et crié : "Oui, mais qu'est-ce que je pouvais bien faire, je ne m'en sortais pas avec toi. Tu as commencé trop jeune avec les garçons."

J'ai ralenti, repris la voie de droite, et nous avons toutes les deux respiré à fond.

"Tu étais une enfant difficile, a-t-elle dit, et j'étais malheureuse.

— Et c'est pour ça que tu as battu une petite fille jusqu'au sang ? ai-je demandé en regardant droit devant moi.

— Mon Dieu, jusqu'au sang, a-t-elle dit, et puis «petite fille», qu'est-ce que ça veut dire, tu étais quand même assez grande pour flirter dans les coins. Je t'ai vue. Comme ton père."

Je songeais aux baisers d'enfant innocents que j'avais échangés avec des amis du cours de danse, tant j'étais avide d'un amour qui n'existait pas à la maison. Et c'est pour cela qu'elle m'avait battue.

Après une longue pause, ma mère a inspiré profondément et a dit doucement : "J'ai tout de suite eu tellement de remords." J'ai pris sa main dans la mienne et elle m'a laissée faire. Je conduisais de la main gauche, tenais sa main de la droite, je ne pouvais me rappeler avoir déjà fait ce geste un jour et qu'elle me l'ait permis, et nous poursuivions notre route sans un mot. Tout à coup elle a lancé, à nouveau gaie :

"C'est bien la Suisse, ici ?

— Oui, ai-je dit. Tu veux que je passe par les petits villages plutôt que par l'autoroute ? En longeant le lac des Quatre-Cantons ? C'est plus long, mais beaucoup plus beau.

— Oh oui, s'il te plaît ! a-t-elle dit. J'ai toujours voulu voir où vivait Guillaume Tell."

J'ai ri.

"Il a vraiment existé ? ai-je demandé, et elle a répondu, indignée :

— Mais qu'est-ce que tu crois ? Fais ton compte avec le ciel, bailli. Il faut que tu disparaisses, ton temps est fini ! Je vivais paisible et inoffensif, mes traits n'étaient dirigés que contre les animaux de la forêt, tu as changé en un cuisant venin de dragon le lait de mes innocentes pensées, tu m'as habitué aux choses monstrueuses, superbe, non ? Et après, il faut qu'il tire sur cet enfant, et à la fin il dit : Ce que je me suis juré dans les tortures infernales de ce moment-là est une dette sacrée : je veux la payer. Ou quelque chose comme ça. Oui, nous avons tous notre fardeau à porter.

— Mais où est-ce que tu as appris tous ces vers, tous ces poèmes, ces pans entiers de pièces de théâtre ? ai-je demandé. Je suis incapable de retenir quoi que ce soit par cœur, et toi...

— Rien que de l'entraînement, a-t-elle dit. La nuit, pendant les bombardements, nous avons toujours lu et appris des passages par cœur, à la lumière des bougies.

— Qui ça, nous ? ai-je demandé, et elle a répondu :

— Karla et moi. Quand nos maris étaient à la guerre.

— Mais que tu aies tout ça en tête encore aujourd'hui, ai-je dit, je trouve ça vraiment fascinant.

— C'est que je suis souvent toute seule, a répondu ma mère, alors je me parle et je me récite tout ce que j'ai appris."

Je suis passée par les petits villages et j'ai longé le lac tandis qu'elle lisait avec ravissement les noms de lieux sur les panneaux. A un moment, lorsque est apparue une petite église de province, elle s'est mise à réciter : "Un clocheton pointu perçait entre les cimes des sapins, Pignon et faîte d'un couvent bénédictin."

Je songeais à tout l'humour, à toute la force que ma mère avait en elle, et je me demandais pourquoi nous n'arrivions pas à avoir des rapports joyeux et détendus. J'avais toujours le sentiment qu'elle ne m'aimait pas ; cela me rendait intraitable, froide et dure vis-à-vis d'elle. Et il faut croire que si elle ne m'aimait pas, c'était parce que j'avais fini par trop ressembler à mon père, cet époux dont elle n'avait tout simplement plus voulu quand il était rentré de la guerre – tout comme tant d'autres femmes de sa génération que ces années-là avaient émancipées et endurcies. Quand les hommes étaient ensuite rentrés du front russe, le corps et l'âme détruits, ils avaient repris une place qui n'était plus la leur, voulant à nouveau tout savoir mieux que tout le monde – où se trouvait le disjoncteur, comment il fallait éduquer les enfants, et que la place des femmes était à la cuisine. Beaucoup de familles avaient alors été brisées. Pour nous, les enfants, il n'y avait presque aucune chance de réussir à construire une relation avec ces hommes décharnés qui, rentrant d'un camp ou d'un autre, disaient être nos pères. Je me souvenais d'une terrible dispute entre mes parents lors de laquelle ma mère avait finalement jeté un regard glacial à mon père en disant : "Ne te pavane pas trop, après tout, tu n'es rien que ce que tous les autres sont aussi : un assassin."

Avec cette phrase, elle a sans doute fait tomber le mur qu'il avait construit tout autour de lui pour se protéger. C'est à cette époque qu'il a commencé à boire et s'est offert deux maîtresses, c'était le début de la fin pour notre famille.

J'ai mis une cassette de Schubert dans l'autoradio, et ma mère, tirée comme moi de ses pensées, a immédiatement enchaîné :

"Céleste création, ô Musique, force superbe et douceur angélique, double est le sentiment de ta puissance quand de notre cœur s'empare la souffrance." Et puis elle m'a regardée et a dit en riant : "Ça me fait plaisir de voyager avec toi comme ça." Je n'avais pas le souvenir qu'elle m'ait déjà dit quelque chose d'aussi gentil.

Nous avons fait une pause à Küsnacht, où nous avons mangé des boulettes de viande, du pain frais, et bu un verre de vin pour aller avec. Elle était assise en face de moi dans sa robe bleue, petite, énergique, les joues légèrement rougies, et, de temps à autre, je rencontrais son regard critique.

"Est-ce que tu es heureuse ? a-t-elle demandé subitement, et j'ai répondu sans réfléchir :

— Non."

Elle a hoché la tête.

"Comme ton père, a-t-elle dit, aucun talent. Ils faisaient tous semblant dans la famille. Et aucun n'était heureux. Sauf tante Karla.

— Pourquoi justement tante Karla ? ai-je demandé, et ma mère a dit :

— Elle était forte. Elle savait ce qu'elle voulait. Sans tante Karla, je n'aurais pas survécu à la guerre."

Elle a bu son vin à petites gorgées et m'a jeté un coup d'œil.

"Toi non plus d'ailleurs", a-t-elle dit.

Et puis elle a ajouté doucement :

"Sans tante Karla, tu n'existerais même pas."

J'étais assise là, très calme, et je sentais qu'arrivait maintenant un instant particulier, que quelque chose s'ouvrait en elle, entre nous, et qu'elle ne pouvait pas laisser une telle phrase en suspens sans ajouter un mot. Elle s'est mise à malaxer une boulette de pain et a dit, sans me regarder : "Je ne voulais pas d'enfant. Qui peut bien vouloir un enfant pendant la guerre ! Karla a avorté à l'époque, sans aucun problème.

Et moi – jusqu'au cinquième mois j'ai tout essayé, des lavements à l'eau savonneuse, Karla a enfoncé une aiguille à tricoter, j'ai sauté de la table en portant des briques – rien. Tu ne partais pas, tu voulais vivre."

Je retenais mon souffle, mon cœur battait la chamade et j'avais mille images dans la tête, un million de questions, de larmes, un océan de larmes dans le cœur. Et dans tout le corps, une angoisse et un bonheur mêlés. L'angoisse de vivre, le bonheur de vivre.

Elle a continué : "Nous étions persuadées que tu allais être handicapée, après tout ça. Mais tu étais en pleine santé. Karla t'a mise au monde, dans la cuisine, pendant que les bombes pleuvaient. Tous les autres étaient descendus dans les abris antiaériens. Et toutes les deux, nous étions dans la cuisine, à la lueur d'une bougie, les vitres volaient en éclats, et soudain tu es arrivée. Mon Dieu, et tu étais vraiment en pleine santé. Nous en avons pleuré de bonheur, Karla et moi."

Pour la première fois, je comprenais le sacrifice que représentait à l'époque le fait d'avoir un enfant, et qui plus est d'un homme qu'elle n'aimait visiblement pas, un homme qui, en quinze ans de mariage, n'avait pas été capable de lui faire un enfant, et c'est à ce moment-là justement, pendant une permission, en pleine guerre, qu'il avait fallu que cela arrive.

J'aurais presque pris ma mère dans mes bras, tant je ressentais comme une déclaration d'amour son bonheur d'avoir mis au monde un enfant bien-portant, mais j'ai hésité une seconde de trop et la serveuse est venue à notre table pour encaisser.

Quand nous avons repris la route, j'étais à deux doigts de lui parler de Flora. J'aurais tellement aimé lui raconter, lui dire que j'aimais une femme, savoir si c'était seulement possible après tant d'années de mariage, deux enfants et un nombre incalculable de liaisons. Mais bien sûr je n'ai rien dit, car c'était là le genre de sujet dont on ne pouvait vraiment pas discuter avec ma mère. C'est ce que je me disais.

Je roulais sur les routes suisses, et ma mère, assise à côté de moi, était plus tranquille. Parfois, elle piquait un peu du nez, mais elle se réveillait toujours aussitôt, se redressait, regardait par la fenêtre : "Quel plaisir de pouvoir voir tout cela", disait-elle. Et quand nous avons pris l'autoroute pour Milan, à Chiasso, elle m'a soudain demandé :

"Est-ce que tu as mangé le roulé au citron, hier ?

— Non, ai-je répondu, sincère, et elle a hoché la tête.

— Je m'en doutais", a-t-elle dit.

Ça s'est arrêté là. Ensuite, elle s'est endormie et ne s'est réveillée que lorsque je tournais dans Milan à la recherche d'un hôtel.

J'ai réservé deux chambres simples pour deux nuits, et elle m'a demandé :

"Où est-ce que tu vas dormir après ?

— Chez cette collègue", ai-je dit, et je l'ai aidée à s'installer dans sa chambre. Le soir, nous sommes sorties ; j'ai dû supplier le serveur de lui apporter un plat sans ail et elle est bientôt devenue la reine du restaurant, *"la mamma !"*, qui imposait à tous ses quatre volontés. Sans se laisser déconcerter, elle ordonnait en allemand : "Pas ce qu'on appelle *espresso*, s'il vous plaît, mais un vrai café, et pas trop fort, et avec du lait, mais pas du lait concentré !" et je traduisais, tandis qu'elle s'étonnait de n'être pas comprise, quand elle s'exprimait si distinctement. CAFÉ, LAIT, PAS TROP FORT, Seigneur, cela devrait quand même être compris partout, non ? Ces Italiens lui paraissaient sympathiques, mais un peu bouchés.

La soirée s'est déroulée dans une paix étonnante. C'était comme si nous avions toutes deux opté pour un autre ton dès lors que nous n'étions plus entre nos quatre murs. Quand j'ai vu qu'elle était fatiguée, je l'ai raccompagnée à l'hôtel et je suis allée faire un tour toute seule, pour boire quelques verres dans un bar et réfléchir – à elle, à moi, à Flora, à ce que nous attendions tous de la vie et aux tours que la vie nous jouait. Avait-on vraiment les choses en main, ou bien tout arrivait-il simplement comme cela devait arriver ? Je me suis surprise à penser moi aussi en vers, comme elle avait l'habitude de le faire, elle : "Se peut-il qu'un Dieu tisse ainsi sans raison le tapis de la vie ? Tel le motif multicolore, la souffrance n'est-elle qu'une invention de l'artiste et toutes les batailles de simples ornements ?" et je me suis dit : Tiens, nous nous ressemblons finalement plus que ce que l'on pourrait croire. Y avait-il un sens, un schéma mystérieux, ou bien tout cela n'était-il qu'ornements du hasard, sa dureté, son renoncement brutal à tout amour et toute tendresse, et ma soif d'y accéder ?

Je me suis soûlée un peu, et, le lendemain matin, c'est elle qui m'a réveillée en frappant à la porte de ma chambre.

"Je vais prendre mon petit-déjeuner, a-t-elle crié, lève-toi, il fait beau. Je t'attends en bas."

Quand je suis arrivée dans la salle à manger, elle était déjà en grande conversation avec le serveur, alors qu'elle ne parlait pas l'italien et lui pas l'allemand : les petits pains étaient brandis avec colère, trop blanc ! trop mou ! et le serveur, qui a fini par apporter du pain plus noir, en a été félicité. Elle contrôlait parfaitement la situation, comme si elle avait passé toute sa vie à voyager de par le monde. Elle avait encore en elle malgré tout une telle énergie, une énergie qui dans sa pauvre petite vie de retraitée n'avait pas de soupape de sécurité.

En cette belle et chaude journée, nous nous sommes promenées dans Milan, elle dans des escarpins en daim gris et à talons, moi dans mes chaussures plates "tout confort". Je sais aujourd'hui que je l'ai aimée et admirée, ne serait-ce que pour ses chaussures, mais il a d'abord fallu qu'elle meure pour que j'en prenne conscience. Nous sommes allées à la Galleria, près de la cathédrale, dans un grand magasin, dans la via Monte Napoleone, cette rue de la mode où s'étalent les boutiques de tous les grands couturiers – des palais de marbre pour Valentino, Gucci, Ungaro et Fendi, avec de gigantesques vitrines où sont exposés quelques paires de chaussures rouge framboise à trois mille marks ou un seul et unique minuscule chemisier de soie multicolore à huit mille marks, ce qui, en lires, faisait tout de suite plusieurs millions. Ma mère n'en revenait pas, montrait du doigt le prix et le produit, et lorsqu'une magnifique vendeuse nous a jeté un coup d'œil blasé, elle a posé son doigt sur la tempe et fait "toc toc" à la vendeuse qui s'est immédiatement détournée. "Des millions pour un chemisier ! Vous êtes dingues !" s'est-elle écriée.

Dans une petite boutique de lingerie chic, j'ai acheté à ma mère une jolie chemise de nuit en soie. J'ai dû la convaincre de se laisser tenter, pourtant cela lui faisait plaisir, elle l'a même essayée par-dessus ses vêtements et s'est mise à arpenter ainsi la boutique de long en large. "C'est tellement cher ! a-t-elle dit. Et personne ne me verra plus en chemise de nuit, ma foi, peut-être à la fin de ma vie." A la fin de sa vie, elle a dû porter ces blouses d'hôpital ouvertes dans le dos, mais elle a été enterrée dans la chemise de nuit en soie que nous avions achetée ensemble à Milan et qu'elle n'avait jamais portée jusque-là. Ou plutôt, elle a été incinérée avec.

Le soir, nous sommes allées dans un petit restaurant très calme où nous avons mangé de la polenta accompagnée de fines tranches de rôti de veau, le tout dans une sauce fantastique. "Aujourd'hui, c'est moi qui paie", a déclaré ma mère en commandant encore un verre de vin pour moi et un petit digestif pour elle. Elle a accompagné le serveur au comptoir, lui a fait sortir toutes les bouteilles, s'est mise en colère contre lui parce qu'il n'y avait pas d'eau-de-vie de framboise, puis s'est finalement décidée pour un calvados.

"Cul sec", a-t-elle dit une fois le verre posé devant elle, puis elle l'a porté à ses lèvres et bu presque d'un trait, comme le font les gars de la Ruhr, où elle avait grandi. Cela m'a fait rire, je ne l'avais jamais vue comme ça : elle était même déjà un peu pompette. Lorsque je lui ai prudemment demandé : "Raconte encore comment c'était avant", elle s'est même lancée et a commencé par cette phrase complètement idiote et inattendue qui nous a fait rire pendant presque dix minutes. Elle a dit : "Après la guerre, tante Luzie s'est installée à l'Est et a travaillé pour une entreprise collectivisée qui produisait du Vitalat."

Cela semblait tellement hors de propos que j'ai mis un moment à retrouver mon calme, mais, effectivement, je me souvenais des paquets de tante Luzie qui nous envoyait ces imitations de chocolat affreusement grasses et demandait en échange du café.

"Pourquoi est-elle allée s'installer à l'Est ? ai-je demandé.

— Parce qu'elle croyait au socialisme, a dit ma mère. Dans ma famille, nous étions tous à gauche à l'époque, mais ton père et toute cette vermine, tous des nazis. Des imbéciles, des suiveurs, des prétentieux qui voulaient se donner de grands airs dans leurs uniformes bien coupés."

Elle n'avait jamais dit cela aussi clairement.

"Mais on ne parlait jamais de politique à la maison, ai-je dit.

— Justement, a-t-elle répondu, sinon on se serait entre-tués. A part les sœurs de ton père, c'étaient tous des nazis, toute la famille. Tante Paula était trop bête et tante Karla trop rusée pour ça. Dans ma famille, il n'y a que Willi qui ait voulu faire son intéressant. L'imbécile."

Oncle Willi était toujours en vie. Il ne sortait quasiment jamais de chez lui, et si cela lui arrivait, c'était toujours à l'abri de ses lunettes noires et d'un chapeau. Il avait constamment peur que quelqu'un ne le reconnaisse dans la rue – peut-être le Juif à qui, en Pologne, selon les dires de la famille, il avait coupé le doigt pour accéder à la bague de diamants que tante Maria portait encore aujourd'hui.

"C'est pour ça que tu t'entendais si mal avec papa ? ai-je demandé, et elle a dit :

— Je ne pouvais plus respirer quand il était à côté de moi, je me sentais mal dès qu'il me touchait." Ensuite, elle a vidé son verre de calvados et ajouté : “Et puis, j’ai été tellement heureuse pendant la guerre. Nous avons été très heureuses. Sans hommes.”

Le serveur s’est approché et a proposé de nous offrir encore quelque chose aux frais de la maison : Un café ? Un *amaretto* ? Puis ma mère a échoué dans sa tentative de m’inviter, car elle a eu beau lui agiter à plusieurs reprises ses cent marks sous le nez, il n’a évidemment pas accepté son billet allemand : “Mais c’est un vrai ! C’est du bon argent allemand ! Enfin, nous sommes quand même en Europe !” J’ai payé, et le serveur a essayé de consoler ma mère en lui portant jusqu’à l’entrée le sac contenant sa chemise de nuit en soie. Les Italiens semblent apprécier *la mamma* sous toutes ses formes.

De retour à l’hôtel, j’ai trouvé un message de Flora. Nous nous étions déjà appelées quelques fois, et elle savait bien sûr que ma mère m’avait accompagnée à Milan, mais je lui avais garanti qu’elle partirait le jeudi vers 18 heures. Flora comptait arriver le vendredi matin, mais le message disait : “Arrive dès jeudi 15 heures. Veux voir ta maman. F.”

Cela ne me plaisait pas du tout : je ne voulais pas qu’elles se rencontrent. Je voulais être seule avec Flora. Je ne voulais pas associer ma mère aussi intimement à ma vie. Nous n’avions évidemment aucune intention de lui dire quoi que ce soit de notre amour, mais, même sans cela, une telle rencontre représentait pour moi tout simplement trop de proximité, trop d’intimité, trop de tout. Trop de danger. Je me rappelais la manière dont ma mère harcelait systématiquement mes amis quand j’habitais encore à la maison et qu’ils passaient me prendre pour le cours de danse : “Pourquoi justement notre petite Nina, avait-elle demandé à Rüdiger, dont j'étais tellement amoureuse, il n'y a pas de fille plus mignonne ?"

Je n'ai pas fermé l'œil de la nuit et, le lendemain, j'avais les nerfs à fleur de peau. Les vieilles querelles et les piques habituelles ont refait surface. La matinée traînait en longueur et, dès midi, ma mère a commencé : "C'est l'heure d'aller à l'aéroport, non ?" Comme tous les gens âgés, elle était toujours en avance de plusieurs heures. Je lui avais dit que nous irions chercher ma collègue qui arrivait des Etats-Unis, que nous pourrions ensuite boire encore un café ensemble, et que Flora et moi l'accompagnerions jusqu'à son avion. Satisfaite, elle a demandé :

"Est-ce qu'elle parle allemand ?

— Oui, ai-je dit, elle vient de Brunneck, dans le Sud du Tyrol, là-bas, ils sont tous bilingues."

J'ai tout de suite vu Flora. Elle dépassait les autres, elle rayonnait, elle était lumineuse, et ma mère, petite et impatiente à côté de moi, a dit :

"La voilà.

— Comment est-ce que tu sais ça, ai-je demandé, tu ne la connais même pas.

— Je le vois, a dit ma mère. Elle est rayonnante. Elle est rayonnante pour toi."

J'étais trop excitée et trop nerveuse pour réfléchir plus longtemps à cette remarque. Je ne m'en suis souvenue que bien plus tard, et j'ai alors compris que ma mère avait su dès le début ce qui se passait entre Flora et moi. Elle le savait et cela lui plaisait.

Flora et moi, nous nous sommes enlacées, serrées sans un mot, nous assurant d'un regard qu'entre nous tout allait bien, et puis Flora a embrassé ma petite maman si robuste sur les deux joues.

"Ma mère aussi était très petite, a-t-elle dit.

— Etait ? a demandé ma mère.

— Oui, a dit Flora, elle est morte, et ma mère a répondu :

— Je ne ferai pas de vieux os non plus."

Flora a ri. "En tout cas, on ne dirait pas", a-t-elle dit et, nous prenant, ma mère et moi, chacune par un bras, elle nous a conduites jusqu'au restaurant de l'aéroport.

Nous sommes restées presque deux heures ensemble. Flora parlait de New York, ma mère racontait avec verve notre séjour milanais, j'étais plutôt calme, je regardais Flora et pensais : Qu'est-ce qu'elle est belle ! Est-ce qu'elle m'aime vraiment ? Et oui, elle m'aimait, je le voyais à ses regards, je le sentais quand, sous la table, elle pressait furtivement ma main ou ma jambe, et, après la première nuit depuis notre séparation, j'en ai été tout à fait sûre.

Mais, pour l'heure, nous étions encore toutes les trois, moi, impatiente, comme assise sur des charbons ardents, Flora, fatiguée, et ma mère, complètement surexcitée. Quand nous l'avons enfin accompagnée à la porte d'embarquement, elle nous a donné une petite tape à chacune en lançant d'un air effronté :

"Amusez-vous bien, toutes les deux !" et Flora a dit plus tard :

"Elle n'est pas idiote. Elle a tout de suite remarqué ce qu'il y avait entre nous."

J'ai ri et répondu :

"Mais bien sûr que non, elle ne pourrait même pas se l'imaginer en rêve, cette génération est bien trop prude."

Quand ma mère a disparu derrière le guichet de contrôle, nous avons échangé un baiser furtif, et je ne sais si ma mère nous a vues ou pas, mais elle s'est brusquement retournée encore une fois et a lancé : "Nina ! Merci !"

Elle est morte deux ans après, d'une attaque d'apoplexie. Nous avions encore parlé quelques fois de Flora, elle me demandait toujours de ses nouvelles, mais j'éludais la question en espérant que la cousine Margret ne découvrirait pas qu'entre-temps Flora habitait plus ou moins chez moi. J'étais tellement heureuse avec Flora, mais jamais je n'aurais eu le courage de parler de cet amour à ma mère. Et pourtant, depuis le voyage à Milan, nous nous entendions mieux – malgré les vieux rituels pincés qui subsistaient entre nous, nous nous étions rapprochées. Pas au point de nous enlacer ou d'avoir vraiment confiance l'une en l'autre, mais quand nous étions ensemble l'ambiance n'était plus aussi dangereusement glaciale qu'auparavant.

Quand ma mère s'est retrouvée à l'hôpital, paralysée, presque toujours inconsciente, j'ai un jour amenée Flora à son chevet. Elle a fait ce que je ne pouvais faire : elle lui a coupé les ongles des pieds et des mains, peigné les cheveux, s'est penchée et l'a embrassée. Moi, je ne pouvais que rester assise là, pleurer sur toutes les occasions manquées et tenir dans ma main la main molle et sans vie de ma mère. Flora est venue s'asseoir près de moi, m'a enlacée, et tout à coup ma mère a ouvert ses yeux bleus, elle nous a regardées, comme si elle comprenait que j'avais enfin trouvé le bonheur et la paix, et elle a pris la main de Flora pour la poser sur la mienne. Hasard ? Geste délibéré ? Elle est morte quelques jours plus tard et nous lui avons mis la jolie chemise de nuit de Milan.

Des mois après – j'avais vidé son appartement, offert ses meubles à droite et à gauche et conservé quelques babioles – je fouillais dans un carton dans lequel elle avait rangé de vieilles photos. Flora regardait par-dessus mon épaule. Il y avait mon père dans son uniforme à croix gammées, il y avait les deux oncles unijambistes, il y avait moi, dans les bras de tante Paula, il y avait ma mère, au début des années 1940, une belle jeune femme. Tout au fond du carton se trouvait une enveloppe blanche sur laquelle était écrit : "Seulement pour Nina." Elle était si bien fermée par de l'adhésif que nous avons dû prendre des ciseaux pour la découper. J'avais peur de ce que j'allais trouver à l'intérieur. Je sentais que j'étais sur la trace de son grand, de son unique, de son vrai secret.

L'enveloppe contenait quatre petites photos en noir et blanc aux bords crantés. Sur les quatre photos, il y avait tante Karla et ma mère – ma mère dans une robe à fleurs que j'avais trouvée dans ses affaires, enveloppée dans du papier de soie. Je ne l'avais jamais vue avec, mais elle était si jolie, bien qu'un peu usée et décolorée, que je n'avais pas eu le cœur de la donner comme j'avais donné son vison et le reste de ses affaires. Je l'avais gardée, et voilà que je retrouvais tout à coup cette robe sur les photos. Sur deux d'entre elles, ma mère était en train de fumer, elle que je n'avais jamais vue avec une cigarette. A côté d'elle, la tenant par la taille et fumant également, tante Karla, qui portait un costume d'homme, une chemise au col déboutonné et une cravate. Côte à côte, enlacées, elles paraissaient ainsi extrêmement heureuses, au beau milieu de la guerre, et elles souriaient au photographe qui, sans doute, n'était autre que tante Paula. Au dernier plan, il y avait un landau dans lequel j'étais peut-être endormie. Ce devait être dans l'appartement que tante Karla et ma mère avaient habité ensemble pendant la guerre, je reconnaissais une nature morte qui, plus tard, s'était retrouvée chez nous et l'éléphant noir en bois d'ébène avec ses défenses d'ivoire qui maintenant trône sur mon bureau.

La troisième photo représentait ma mère assise dans un fauteuil, petite et juvénile. Tante Karla était assise sur l'accoudoir, une main posée sur l'épaule de ma mère, et elles se regardaient. Et puis sur la quatrième photo, ma mère et ma tante Karla s'embrassaient tendrement, les paupières closes.

J'ai retourné les photos. Au dos de chacune d'elles était tracée de l'écriture délicate de ma mère la même phrase à l'encre sépia délavée : "1940-1945, avec Karla. Mes plus belles années."

NOCES D'ARGENT

Les vingt-cinq ans de mariage de Ben et Alma débutèrent par une délicieuse soirée entre amis, autour d'un savoureux dîner. En fait, non, l'anniversaire avait commencé dès le matin, au petit-déjeuner, par vingt-cinq roses rouges de la part de Ben pour Alma, qui chérissait par-dessus tout les fleurs blanches, mais le cliché consacré voulait sans doute qu'on offrît en pareille circonstance des fleurs rouges, et par vingt-cinq cigares Cohibas de la part d'Alma pour Ben, qui avait une préférence pour le Montecristo n° 1, mais ce dernier n'eût pas atteint le prix exigé par l'occasion. Le petit-déjeuner s'éternisa, entre les rites familiers auxquels cette journée donnait un lustre léger et les bavardages aimables qui cachaient une certaine irritation : Alma avait beaucoup à faire pour le soir et Ben, qui avait pris son après-midi à l'institut d'histoire justement ce jour-là, serait pour elle plus une gêne qu'une aide.

Les huit amis invités, qui se connaissaient tous depuis des années, parlèrent, burent, rirent et se disputèrent jusqu'au petit matin, assis chez Ben et Alma autour de la grande table en bois de cerisier, et, pour finir, on en arriva à deux séparations et à l'annonce que l'un d'entre eux allait peut-être bientôt mourir.

Mais à huit heures, tandis qu'Alma promenait une dernière fois son regard sur la table dressée, personne encore ne se doutait de tout cela. Alma trouvait que les soirées chez elle, avant même d'avoir commencé, étaient toujours les plus réussies, parce que son appartement était le plus beau, parce que personne ne savait dresser et décorer une table comme elle, et parce qu'elle avait un don pour l'éclairage idéal et l'équilibre parfait entre laisser-aller et élégance. Satisfaite, Alma sourit à Ben qui entrait justement dans la pièce et qui l'enlaça.

"Une fois de plus, tu as fait des merveilles, dit-il en l'embrassant. Aucune femme n'est aussi douée que toi, pour l'éclairage et les fleurs."

Oui, c'était bien ce qu'Alma se disait aussi à l'instant, et elle ressentit une certaine lassitude à l'idée qu'après vingt-cinq ans de vie commune on se connaisse apparemment si bien que l'on pense et dise toujours la même chose que l'autre – comme si le couple ne se composait plus de deux personnes, de deux personnes différentes. Mais peut-être ne fallait-il voir là que des phrases apprises par cœur avec application, qui servaient de ciment à ce qui s'effritait déjà. En tout cas, il n'était maintenant plus temps d'y penser, car on sonnait déjà, et Jonathan, qui arrivait toujours le premier, fit son entrée.

Jonathan avait pris du poids ces dernières années, il était devenu un homme lourd, soufflant comme un bœuf, toujours vêtu de noir de la tête aux pieds. Rien qu'à son visage, on voyait la quantité d'alcool qu'il éclusait. Il était alcoolique comme ses parents et sa sœur, qui en étaient morts tous les trois, et, en voyant que les mains de Jonathan tremblaient déjà, Ben lui servit immédiatement un cognac. Jonathan donnait le change grâce au froid.

“Fait un froid de canard, maintenant, le soir, dit-il en se frottant les mains. Et vous savez, j’ai pris le taxi trois fois aujourd’hui, la troisième fois, justement pour venir chez vous, et chaque fois que j’ai demandé une facture à ces crétins de chauffeurs ils ont dit la même chose : Oh, 24 novembre, dans un mois, c’est Noël ! Terriblement original, pas vrai ?”

Et il avala son cognac d’un trait.

Ben rit.

“Ce matin, quand je suis rentré de l’institut et que j’ai demandé une facture pour le taxi, c’était moi l’imbécile qui pensais : Tiens, dans un mois, c’est déjà Noël, et tu sais ce que le chauffeur a dit ? Dans six mois, il y aura de nouveau des asperges !”

Ils s’avancèrent en riant jusqu’au vaste séjour que paraient une multitude de petites lumières tamisées, une multitude de verres qui scintillaient, des bougies, des fleurs blanches et la table dressée à ravir. Alma avait mis les vingt-cinq roses dans son bureau, elles lui semblaient trop voyantes et trop kitsch pour cette pièce. On devrait pendre haut et court l’imbécile qui a ancré dans la tête des hommes le prétendu amour des femmes pour les grandes roses rouges, pensa-t-elle. Il n’y a pas plus vilain au monde que ces fleurs, et tout au long de notre vie amoureuse nous en sommes bel et bien gavées.

“Ouah ! fit Jonathan. Ça, c’est ta signature, Alma, personne n’est aussi douée que toi pour ça.”

Et Alma l’embrassa en pensant : Encore un qui dit ça ce soir et je deviens folle, et elle s’étonna d’être si nerveuse. Elle s’était tant réjouie de cette fête, de cette soirée, de ses vieux et meilleurs amis. Enfin, ils n’étaient pas vraiment tous ses amis – Léo et Heinz viendraient en compagnie de femmes avec lesquelles Alma n'avait aucune affinité, mais comment inviter Heinz, et pas Vivienne ? Pouvait-on dire à Heinz : je t'en prie, laisse ta gourde de Vivienne à la maison ? Voilà ce qui arrivait quand on ne connaissait que des couples – on n'appréciait souvent que l'un des deux partenaires, mais on était chaque fois forcé d'inviter les deux, par exemple, Christian, le vieux complice de toujours, et forcément son terrible ami Gabor, puisqu'ils formaient bel et bien un couple. Alma se demanda si les autres ressentaient la même chose à leur égard. Bien sûr que oui, pourquoi devrait-il en être autrement. Qui invitaient-ils avec le plus de plaisir, le placide Ben qui était un peu ennuyeux, ou bien elle, Alma, qui était le plus souvent amusante, mais pouvait aussi être caustique et blessante, sincère jusqu'à l'inconvenance ? Elle paria sur Ben comme vecteur de sympathie.

Aucun des couples invités ne tenait depuis aussi longtemps que le leur – cela faisait aujourd'hui vingt-cinq ans exactement. Christian avait mis longtemps avant de trouver finalement en Gabor un partenaire stable, et, à dire vrai, Alma ne prenait pas les alliances gay vraiment au sérieux. Léo et Gudrun avaient un enfant ensemble, mais ils vivaient dans deux appartements différents, il y avait constamment des crises et des cris, et tandis que Gudrun faisait "Ommmm !" chez divers gourous, s'exerçant au yoga, à la méditation et à la sérénité, Léo entretenait une liaison avec la chanteuse d'un groupe punk, ce qu'Alma était la seule à savoir. Elle était capable de garder un secret et se réjouissait de savoir que l'ennuyeuse Gudrun avec son large front, ses robes amples, son école Steiner, Gudrun, qui croyait au Bien, était pour le Bien et faisait le Bien, Gudrun, qui s'était fait faire un enfant par Léo en un temps record, Gudrun était cocue. Quant à Heinz et Vivienne, on ne pouvait prendre leur couple au sérieux. Vivienne était la seconde femme de Heinz. Alma s'était bien entendue avec Karin, la première, mais les hommes de plus de cinquante ans échangent volontiers le vieux contre du neuf, pour finalement se rendre compte ensuite de la solitude qu'ils ont reçue en échange. Et nous, pensa Alma, nous, les femmes, que faisons-nous quand nous nous ennuyons ? Nous serrons les dents et nous tenons le coup.

Heinz était un agent d'assurances aussi brillant que riche. Il y a de cela des années, à la mort de la mère de Ben, quand Ben et Alma avaient hérité des meubles précieux de style Biedermeier, de quelques tableaux de valeur et des porcelaines anciennes, ils s'étaient résolus à contracter une assurance sur les biens mobiliers et avaient pris rendez-vous avec une personne des assurances qui devait en estimer la valeur. En entendant sonner, Alma, qui n'avait pas fini de s'habiller, avait crié : "Ben, ouvre la porte du bas, c'est sûrement le nabot des assurances." Ben avait ouvert la porte de l'appartement et s'était retrouvé nez à nez avec Heinz, la porte de l'immeuble avait dû rester ouverte, et malgré son air terriblement sérieux, costume, cravate, serviette porte-documents et manteau de cachemire, celui-ci avait souri d'un air engageant et dit : "Bonjour, je suis le nabot des assurances."

Ils étaient tout de suite devenus amis, et cette amitié, qui avait tenu tant d'années, survivrait bien à cette idiote de Vivienne et à ses lunettes à la Nana Mouskouri.

Et puis il y avait aussi Anita, la plus vieille amie d'Alma, qui avait toujours vécu seule. Un nombre incommensurable d'hommes avaient traversé sa vie, son lit, sa salle de bains, sa cuisine, aucun n'était resté, car elle n'avait jamais voulu que l'un d'eux restât, mais maintenant, à plus de cinquante ans, tout cela devenait petit à petit un peu plus dangereux et un âge solitaire s'annonçait. Anita le savait, elle se dérobait dans des voyages de plus en plus longs et de plus en plus lointains, lors desquels elle dilapidait la fortune de sa mère, et elle évitait autant que possible de se regarder dans les miroirs qu'un esprit malin avait suspendus partout et d'y constater que la jeunesse est sans aucun doute quelque chose de volatil.

Alma se rendit à la cuisine et mit à chauffer à feu doux le velouté de pommes de terre aux carottes. Ils seraient bientôt tous là, et elle n'était pas le genre de maîtresse de maison qui s'active en tous sens, va chercher quelque chose ici et a oublié autre chose là-bas. Elle restait à table avec ses invités, participait à la conversation, et s'il fallait encore aller chercher quelque chose, Ben pouvait bien se lever.

Ben et Jonathan avaient pris place dans les fauteuils et s'étaient allumé un Cohiba. "Vous êtes fous, maintenant, avant le repas ?" protesta Alma, mais ils étaient bien trop occupés à couper cérémonieusement leur cigare, à l'allumer et à en savourer la première bouffée pour l'écouter.

Jonathan était avec Anita le seul de leurs amis à passer parfois sans prévenir pour boire un verre, fumer un cigare ou parler un peu. Lui-même ne recevait jamais la visite de personne. Jonathan vivait seul dans un appartement terriblement désordonné, dans lequel les bouteilles,

les vieux journaux et les livres s'empilaient, on n'aurait même pas su où s'asseoir. Alma allait le voir de temps à autre, elle lui apportait une bouteille de champagne le soir de Noël, un gâteau pour son anniversaire, des fleurs au printemps, mais elle ne restait jamais bien longtemps car elle avait le sentiment d'étouffer dans cet appartement. On se demandait bien comment Jonathan parvenait, dans ce désordre sans limites et ce perpétuel brouillard éthylique, à néanmoins écrire tous les trois, quatre ans un livre sensé, qui de plus se vendait bien. Alma travaillait dans une librairie, elle savait que Jonathan avait ses lecteurs fidèles, les journalistes l'appréciaient et honoraient chacun de ses livres par de longues critiques sérieuses dans les pages culturelles des plus grands journaux.

Tandis qu'elle remuait son velouté de pommes de terre aux carottes et faisait griller le pain dans le four, Alma entendit Ben et Jonathan parler de Hebbel et de Stifter. Ben, qui était en train de lire *L'Eté de la Saint-Martin* de Stifter, avoua :

"Je trouve ça ennuyeux à mourir. Tout le monde dit toujours qu'il faut lire *Henri le Vert*, qu'il faut lire *L'Homme sans qualités*, qu'il faut lire *L'Eté de la Saint-Martin* – j'ai tellement de mal à avancer ce bouquin que j'en suis déjà à me dire que je suis fou. Ou idiot.

— Laisse tomber, dit Jonathan d'un ton méprisant, à l'époque, Hebbel a dit du roman de Stifter, *L'Eté de la Saint-Martin* : Quiconque parviendra à lire ce livre jusqu'au bout se verra offrir la couronne de Pologne.

— Et alors, demanda Ben, qui est devenu roi de Pologne ?

— Le poste n'existait déjà plus à ce moment, ricana Jonathan, Hebbel ne prenait pas de risques. Mais il a raison. Lis plutôt *Brigitta*, de Stifter, c'est magnifique."

Alma, qui était revenue s'asseoir près d'eux, leur confisqua la bouteille de cognac.

"Ce n'est pas la peine de vous soûler maintenant", dit-elle au moment où l'on sonnait. Elle alla ouvrir la porte et vit parfaitement Ben et Jonathan se resservir en cognac dès qu'elle eut le dos tourné, comme si elle n'était que du vent, comme si elle n'avait aucune importance, et une colère silencieuse commença à bouillir en elle.

Elle salua Léo et Gudrun un ton trop haut, embrassa avec un peu trop d'exaltation Christian et Gabor qui arrivaient dans leur sillage, mais, bien vite, elle se ressaisit.

Gudrun, habillée comme à l'accoutumée de vêtements amples et bariolés, sentait le bâton d'encens à bon marché, quelque chose approchant l'opium ou le musc, en tout cas quelque chose de très oriental, et Alma pensa : Pourvu qu'elle ne me gâche pas tout le repas. Mais Christian et Gabor étaient eux aussi tellement parfumés que cela n'avait plus aucune importance. Pourquoi les homos se croyaient-ils toujours obligés de s'envelopper dans des nuages de parfum ? Alma se détourna pour ne pas éternuer tandis qu'ils suspendaient leurs manteaux. Elle aimait bien Christian et supportait Gabor, elle n'avait rien contre les homos et, ces dernières années, ses fantasmes érotiques avaient d'ailleurs plus porté sur les femmes que sur les hommes, ce n'était donc pas parce qu'elle était trop prude, trop conservatrice ou trop intolérante pour des relations entre personnes du même sexe. Mais, depuis peu, elle se demandait de plus en plus souvent d'où venait son aversion pour ces couples d'homos tous identiques les uns aux autres. Tous, sans exception, portaient à partir d'un certain âge ces fines moustaches grises, on les voyait rarement dans des costumes décontractés ou des manteaux de coupe large, au lieu de ça, ils compressaient leur ventre de cinquantenaires dans des jeans ultra-moulants, assortis de ce fléau de la mode, les blousons courts en cuir. Etait-ce nécessaire ? Autant de mauvais goût l'indisposait, elle ne supportait plus rien de laid, de la même manière qu'Anita ne supportait plus le mensonge, elle qui avait suspendu dans sa cuisine un grand écriteau sur lequel figurait : "Prenez garde à ce que vous dites. Cette maison ne supporte plus que la vérité." C'était une phrase que Michelle Pfeiffer disait à Sean Connery dans un film, et Anita avait dit : "Exactement. Il arrive un jour où l'on ne supporte plus que la vérité, tout le reste, quoi que ce soit, fait souffrir."

Christian et Gabor portaient des blousons courts en cuir et Gabor avait même une petite sacoche dont la bride s'enroulait à son poignet. Ça, au moins, Alma avait réussi à en faire perdre l'habitude à son vieil ami Christian.

"Entrez, dit-elle, avant que Ben et Jonathan soient complètement avinés."

Léo prit Alma dans ses bras, la serra fort et avec émotion contre lui en disant : "Félicitations, ma belle, vingt-cinq ans, aucun de nous n'y est encore parvenu, et aucun n'y parviendra."

Alma le serra aussi contre elle et dit doucement : "Personne n'est forcé d'y parvenir. Ce n'est pas une compétition, et ce n'est pas que du bonheur pur, tu sais." Léo répondit : "Hé, le bonheur, qu'est-ce que tu me chantes là ?" et il fredonna quelques mots d'une chanson de Leonard Cohen : *"There's a crack, a crack in everything, that's how the light gets in"*, puis il lui glissa un joint dans la main. "Pour toi, dit-il, à fumer seule, quand le cœur t'en dira."

Alma mit le joint dans le tiroir de l'armoire et les poussa tous dans le séjour. Pendant qu'ils se disaient bonsoir, Heinz et Vivienne arrivèrent sans se presser, Vivienne dans un manteau de fourrure répugnant d'ostentation. Heinz avait apporté une caisse de vin rouge de sa collection, c'était un grand connaisseur de vin, et Vivienne embrassa Alma sur les deux joues en caquetant : "Quand vous vous êtes mariés, je n'avais que douze ans, tu te rends compte ?" et elle enleva pour les nettoyer ses lunettes à la Nana Mouskouri subitement embuées par la chaleur.

Quand tous se furent enfin assis à table, Anita arriva à son tour, comme toujours en retard, comme toujours terriblement élégante et comme toujours chargée de cadeaux, cette fois-ci avec un gigantesque bouquet de fleurs, trois bouteilles de champagne et deux chandeliers en argent pour les noces d'argent du couple. Elle pleura, embrassa Ben et Alma et s'écria :

"Vingt-cinq ans, je n'en reviens pas.

— Alors n'en reviens pas, ronchonna Jonathan, de toute façon, il n'y a que les deux, trois premières années qui comptent, la passion est encore là, et c'est là qu'on bâtit les fondations. Ce qui vient après, c'est un mélange de hasard, d'ambition, d'habitude et d'endurance.

— Tu peux parler, toi, répondit Anita, qui, des années auparavant, avait eu une histoire avec Jonathan, tu n'es jamais allé au-delà des deux, trois ans.

— Au moins, vous ne vous êtes pas éloignés l'un de l'autre, comme tant de gens, dit Heinz sur un ton conciliant, et Jonathan répondit du tac au tac :

— S'éloigner est parfois bien plus sensé que de passer toute sa vie ensemble. La symbiose, c'est le sacrifice de la personnalité au nom de l'amour.

— Tu veux dire que nous sommes deux imbéciles malheureux, demanda Ben, et Jonathan secoua la tête.

— Non, dit-il, mais vous êtes trop près l'un de l'autre, comme deux vieux arbres. Plus rien ne peut pousser entre vous."

Un silence se fit qui dura quelques instants et Alma s'étonna une fois de plus de la capacité qu'avait Jonathan, lui qui nageait pourtant toujours dans des brumes alcoolisées, à tout voir et à tout saisir. C'était comme si, à force de solitude douloureuse, rien ne lui échappait dès lors qu'il se retrouvait en compagnie d'autres personnes. Puis Anita fit sauter le bouchon de champagne et Alma se leva pour aller chercher le velouté.

Lorsque les assiettes furent remplies et que Gudrun eut lâché son inévitable : "Il n'y a vraiment pas de viande dedans ? Vous savez bien que je suis végétarienne !", ils levèrent tous leur coupe de champagne.

"Aux vingt-cinq prochaines années ! déclara le bon Heinz, et Anita fondit en larmes en s'écriant :

— J'aurai soixante-dix-sept ans !

— Ce n'est pas toi qui dois passer vingt-cinq ans avec Ben, mais Alma", dit Heinz en embrassant Alma, et Alma pensa : Encore vingt-cinq, non, ça, je ne peux pas, et Ben et elle se regardèrent comme deux étrangers. Quand on se connaît trop bien, quand il y a trop de proximité, il n'y a rien qu'on puisse encore découvrir. Jonathan avait raison : plus rien ne poussait là, et une panique silencieuse s'empara d'Alma comme un tremblement, une panique à l'idée de ce qu'elle pourrait encore faire de sa vie si confortable, si gentiment organisée, de cette vie soi-disant si heureuse, avant de se perdre elle-même.

Son velouté de pommes de terre aux carottes fut un succès, le filet en croûte feuilletée cuisait pendant ce temps à four doux, et pour Gudrun il y avait un artichaut sauce hollandaise. Vivienne raconta que sa nouvelle femme de ménage avait peur de nettoyer la pièce où Heinz conservait ses masques africains. Elle était originaire des Philippines et craignait tout ce qui avait trait à la magie vaudou.

"Elle est aussi simplette que ça, dit Vivienne, et Heinz rétorqua, excédé :

— Et si tu laissais tes préjugés de côté, pour une fois ? Ce n'est pas simplet de sa part, c'est un attachement profond à sa culture, à sa religion, à des peurs ancestrales."

Le visage de Vivienne s'empourpra subitement, et Heinz raconta comment il avait résolu le problème de la femme de ménage.

"J'ai acheté dans un magasin de souvenirs un masque sans valeur, dit-il, tout à fait semblable aux vrais, et je l'ai brûlé devant elle dans le jardin. On a saupoudré là-dessus quelques abracadabra, et maintenant le mal est exorcisé et elle peut faire le ménage dans mon bureau."

Tous applaudirent, Heinz prit une gorgée de vin et se tourna vers Vivienne :

"Voilà comment on s'y prend, dit-il et Vivienne répondit d'un ton pincé :

— Il aurait été plus simple de la licencier."

Anita avait une femme de ménage qui refusait de nettoyer un vieux miroir vénitien formé de deux panneaux, car les miroirs brisés sont signe de malheur et qu'il faut se garder de les toucher.

“Je lui ai expliqué en long et en large ce qu'est l'art des souffleurs de verre, et que sous l'Empire on n'était pas encore capable de fabriquer d'aussi grands miroirs d'un seul tenant, mais il n'y a rien eu à faire, «miroir cassé apporte mauvais», a-t-elle dit. Imaginez-vous, j'ai dû enlever mon beau miroir.”

Elle demanda à Alma :

“Puisqu'on en parle, tu le veux ? Il irait très bien ici, et je ne tiens plus vraiment à voir mon reflet dedans.

— Non, dit Alma, regarde autour de toi : tous ces miroirs, parce que les bougies sont d'un si bel effet devant… Je n'en veux plus un seul.

— Moi, je le veux bien, lança Vivienne et Heinz déclara, cinglant :

— Toi, on ne t'a pas posé la question, Vivienne.

— Ma femme de ménage, enchaîna Alma précipitamment, s'appelle Elfi et sa mère a longtemps fait partie d'un cirque en tant qu'assistante d'un magicien, elle jouait tous les soirs la jeune vierge sciée.”

Tous se mirent à rire et Léo demanda :

“Est-ce que ça a des conséquences sur son travail ? Elle scie tout ce qu'elle trouve ?

— Non, dit Alma, mais elle me rend complètement folle, elle passe son temps à parler, elle parle aux choses, elle commente chacun de ses gestes. Elle dit aux carreaux : C'est pas vrai, qu'est-ce que vous êtes sales, attendez un peu, Elfi va venir avec sa gratounette, et au seau d'eau : L'eau est déjà sale ? Bon, alors Elfi va aller chercher de l'eau propre.

— Chez nous, c'est Gabor qui fait le ménage, dit Christian, et si Gabor sait faire quelque chose, c'est bien le ménage.”

Alma n'en doutait pas et elle se demanda si Gabor savait faire autre chose. Il travaillait comme serveur dans un restaurant hongrois, était lui-même originaire de Hongrie et Alma ne l'aimait pas beaucoup car elle craignait qu'il ne se servît de Christian. Ceci dit, son jargon teinté de hongrois était adorable, elle l'écoutait parler avec plaisir, et elle demanda donc :

"De nouvelles brèves de comptoir, Gabor ?"

Dans son restaurant, il était en effet régulièrement témoin des histoires les plus étranges.

"Oui, répondit Gabor, qui, ce soir-là, paraissait étrangement abattu et silencieux, des histoires de sourds-muets. Christian doit dire."

Christian saisit la main de Gabor, un geste qui les irrita tous l'espace d'un instant, puis raconta qu'une jeune sourde-muette était récemment passée de table en table, distribuant de petites feuilles sur lesquelles figurait l'alphabet en langue des signes, et refaisant ensuite le tour pour demander de l'argent. Une mère de famille qui était là avec ses deux enfants pleurnichards avait acheté deux de ces feuilles en disant aux enfants : Voilà une chose que vous devriez apprendre : comme ça, vous vous parlez par signes, c'est très rigolo et maman sera enfin tranquille.

Tous rirent et Heinz renchérit :

"Une fois, j'ai donné vingt marks à un sourd-muet qui faisait la manche comme ça, juste parce que je voulais l'entendre s'exclamer : «Oh ! Merci beaucoup !», mais il a tenu le coup et il s'est contenté de hocher la tête."

Gudrun protesta :

"Ne vous moquez pas des infirmités des autres, et Vivienne répondit sans animation, tout en nettoyant ses lunettes à la Nana Mouskouri :

— Mais ce n'est pas du tout ce qu'on fait, et d'ailleurs les autres se moquent aussi de nous.

Vous croyez que je ne le sais pas, que vous riez tous de mes lunettes ?"

Personne n'avait envie d'ajouter quoi que ce soit, mais Alma ne put se retenir d'embêter encore un peu Vivienne et dit à Heinz :

"Tu te souviens, Heinz, le premier jour de ton mariage avec Karin, c'était le jour où les Américains ont marché sur la Lune.

— Je leur en ai toujours voulu", interrompit Jonathan, et Léo raconta qu'à cette époque, à New York, un Black Panther lui avait dit que tout ça ne l'aurait vraiment impressionné que si les premiers Blancs à marcher sur la Lune s'y étaient suicidés théâtralement.

Alma débarrassa les assiettes avec Anita, puis elles allèrent chercher dans la cuisine le filet en croûte feuilletée et l'artichaut.

"Cette Vivienne, je ne peux pas la sentir, dit Anita, elle me rappelle Röschen Malettke. Tu te souviens encore de Röschen Malettke ?"

Alma hocha la tête tout en découpant soigneusement le filet en tranches fines. Röschen Malettke avait été la première propriétaire de la librairie dans laquelle Alma avait toujours travaillé, et elle ne lui avait pas rendu la vie facile.

"Et ces lunettes, dit Alma, ces dents trop grandes, malades, et toujours ces fringues marron caca d'oie, comment un être humain peut-il se laisser approcher par la couleur marron, explique-moi un peu ça, et la même moue prude. Comment un type aussi simple et aussi gentil que Heinz peut-il supporter ça ?

— Röschen Malettke est morte, paix à ses cendres brunes, dit Anita, et Vivienne, mon Dieu, elle ne fera pas long feu, Heinz est déjà à l'affût, autant que je sache.

— Au fait, il y a déjà eu quelque chose entre toi et Heinz ? demanda Alma, et Anita fit signe que oui.

— Mais pas très longtemps, dit-elle, avant Vivienne, et j'ai déjà oublié comment c'était."

Puis elle demanda à Alma :

"Tu n'as jamais trompé Ben, toi ?"

Alma s'assit quelques minutes sur une chaise de la cuisine.

"Non, dit-elle, pensive, jamais, mais pas par amour ou par fidélité. Par manque d'occasions, je suppose. Et puis c'est tellement épuisant, tu ne trouves pas ?

— La vie entière est épuisante, dit Anita en prenant la coupe qui contenait l'artichaut pour Gudrun. Je ne sais pas ce qui est le plus épuisant : quand il se passe quelque chose, ou quand il ne se passe rien."

Elles retournèrent ensemble à table et servirent la suite du repas.

Entre-temps, Heinz avait débouché l'un de ses vins rouges prestigieux et, levant son verre, il assurait d'un ton docte qu'il s'agissait là d'un vin arrivé à son entière plénitude, soutenu par sa structure tannique, auquel l'âge conférait un fondu charmant, mais qui, en bouche, se révélait subtilement arrondi. Jonathan, qui le fixait d'un air répugné, vida son verre d'un trait et dit à Léo d'un ton provocant :

"Puisqu'on parle de fondu charmant, Léo, tu te souviens de la fois où nous avons mangé de la merde de chien ?"

Léo leva les mains d'un air suppliant.

"Tais-toi ! s'écria-t-il en jetant un coup d'œil nerveux à Gudrun qui, ouvrant déjà des yeux ronds comme des soucoupes, reposa immédiatement son verre.

— Vous avez quoi ? demanda-t-elle, interdite, et malgré les gestes de Léo qui lui faisait signe de se taire Jonathan continua joyeusement son récit, comme à son habitude de sa voix forte et nonchalante.

— Ça fait un bail, après une terrible soirée de beuverie, on a fait un pari, Léo et moi. J'ai dit : On parie que tu boufferas pas de la merde de chien ! Et Léo a demandé : On parie quoi ? Je lui ai dit : Si tu bouffes de la merde de chien, alors moi aussi j'en bouffe. Mais jamais je n'aurais cru qu'il le ferait. Et comment vous dire, sur le chemin du retour, voilà qu'il se penche et –"

Vivienne sortit en courant, tenant la serviette devant sa bouche. Alma s'écria :

"Jonathan, qu'est-ce que c'est que ces histoires dégoûtantes, on est à table !"

Mais Jonathan était lancé. Gudrun avait les larmes aux yeux. Elle prit Léo par le bras.

"Tu as fait ça, demanda-t-elle, tu as vraiment fait ça ?

— Juste un peu, dit Léo pour esquiver, et elle se mit à pleurer :

— Et je t'ai embrassé !" sanglota-t-elle, c'est dégoûtant ! Puis elle vida son verre d'un trait, comme s'il lui fallait faire glisser quelque chose.

"Pas avec ce vin ! lança Heinz d'un ton suppliant, celui-là, il faut le savourer à petites gorgées !

— Il l'a fait, déclara Jonathan, satisfait, et alors moi aussi je l'ai fait, et vous savez ce qui est arrivé ensuite ? Ensuite, on s'est sentis vraiment mal, vraiment misérables, et puis on s'est regardés et on a pensé : Voilà, et qu'est-ce qu'on y a gagné maintenant ? Maintenant, on a tous les deux bouffé de la merde de chien."

Jonathan riait sans pouvoir s'arrêter et Léo, comme pour s'excuser, ajouta :

"Après, on a encore vidé une bouteille de schnaps, et c'est moi qui ai dû payer."

Puis il cria à l'intention de Gudrun qui gémissait dans son coin :

"Bonté divine, toi, je ne te connaissais même pas à l'époque.

— J'ai un enfant d'un homme qui a bouffé de la merde de chien, hoqueta Gudrun, comment pourrais-je lui dire ça un jour !

— Tu ne lui diras pas, dit Léo, c'est tout. C'est aussi simple que ça."

Et il ajouta pour Jonathan :

"Espèce d'enfoiré, c'était vraiment la peine ?"

Alma voulut aller voir ce que faisait Vivienne, mais Anita la retint par le bras.

"Laisse-la donc dégueuler, dit-elle, de toute façon, elle est boulimique, elle passe son temps à dégueuler, elle a l'habitude."

Ben essaya de rattraper le coup :

"Je viens justement de lire quelque part que les peuples primitifs dévoraient leurs anciens pour assurer le progrès.

— Quel est le rapport avec la merde de chien ? demanda Gudrun, et Ben répondit, mal assuré :

— Qu'est-ce qui est pire, tu crois, manger de la merde de chien ou manger un vieillard ?"

Jonathan était le seul à rire encore.

"Quelle idée de génie, dit-il, oui, les vieillards, on devrait tout simplement les dévorer. Et que fait-on au lieu de ça ? On leur trouve une place au parlement, dans les universités et dans les jurys de prix Nobel. Ils avaient raison, dans le temps, ils étaient tout, sauf primitifs.

— Mais bouffer de la merde de chien, c'est primitif, dit Gudrun, dégoûtée, et elle cracha à

Léo : Et toi, je ne pourrais plus jamais t'embrasser sans y penser."

Alma surprit le sourire de Léo. Elle n'était pas sûre que cela eût une quelconque importance pour lui.

"Je dois dire que je ne trouve pas cela très appétissant non plus, ces histoires, quand on est à table, grogna Heinz, et Ben proposa :

— Tu veux que j'aille voir Vivienne ?

— Laisse tomber, répondit Heinz.

— Plus appétissant en tout cas que la vieillesse, bougonna Jonathan. Qu'est-ce qui dans une merde est pire que dans un vieux corps décomposé ? et Anita s'écria :

— Oh non, pas ça ! Récemment, j'ai acheté un maillot de bain que j'ai dû essayer dans une cabine trop éclairée et tapissée de miroirs. Quand j'ai vu ce que j'ai vu, j'ai eu la frayeur de ma vie et après, je n'ai pas arrêté de pleurer pendant deux jours.

— Pourquoi faut-il aussi que tu t'achètes des maillots de bain, demanda Jonathan, pour quoi faire ?

— Pour nager, imbécile, dit Anita, et Jonathan l'observa, vida son verre et demanda :

— Pour quoi faire ?"

Oui, pour quoi faire, se demanda Alma, pour quelle raison essayons-nous désespérément de rester jeunes, frais et bien portants, comme si l'on pouvait stopper le déclin. Nous ne sommes plus des vieillards, mais des "seniors", et tous font comme si la vieillesse et la mort n'existaient pas, alors que dans quelques années nous ne serons plus que cela : ridés, vieux, morts.

"Vous connaissez l'histoire de Fellini ? demanda Jonathan, et Vivienne, qui entrait dans la pièce, gémit :

— Ne me dis pas qu'il a lui aussi bouffé de la merde de chien.

— Non, dit Jonathan, mais dans le couloir d'un hôtel il a vu un vieil homme sortir de sa chambre, fermer sa porte et la rouvrir immédiatement pour passer la tête dans l'encadrement et renifler. «Que faites-vous là ?» a demandé Fellini, et le vieil homme a répondu : «Je vérifie si ça sent le vieillard quand je sors de ma chambre.» Fellini racontait que, depuis, il faisait lui aussi la même chose et que c'était déprimant : l'odeur de vieillard était toujours là."

Tous se turent, Vivienne se rassit, repoussa son assiette et dit :

"Je ne peux plus rien avaler maintenant.

— Ne fais pas ta mijaurée, dit Heinz en prenant l'assiette dont il avala le contenu. Quelqu'un qui, comme toi, gobe des huîtres puantes encore vivantes ne devrait reculer devant rien, non ?

— Vous savez comment je me suis rendu compte que je vieillissais ? demanda Jonathan. Quand j'ai remarqué que je ne lisais plus dans le train. Il m'arrive souvent de voyager pour présenter un de mes livres, et, autrefois, je travaillais comme un fou dans le train, je sondais les journaux, j'écrivais, je lisais. Maintenant je reste assis là sans rien faire et je regarde le paysage, voilà tout ce que je veux faire, regarder le paysage, ça apaise mon âme. J'ai mon casque sur les oreilles et j'écoute Schubert, je n'écoute plus que Schubert, je ne supporte plus rien d'autre."

Léo déclara :

"Tu devrais écouter Bob Dylan, et Jonathan répondit agressivement :

— Fous-moi la paix avec ton éternel Bob Dylan, qu'est-ce que tu connais à la vieillesse !" Mais ensuite il l'invita à lever son verre en signe de réconciliation et Léo rit.

"Il me faut un digestif, annonça Gudrun qui, d'habitude, ne buvait jamais d'alcool fort. Je ne vois pas comment je pourrais digérer la merde de chien autrement.

— Ça suffit maintenant avec cette satanée merde de chien", dit Heinz en servant à Gudrun un verre de grappa.

Anita lança :

"Puisqu'on parle de digestif, récemment je suis allée à Kreuzberg, il y avait un bar avec une pancarte derrière la vitre : Alcools blancs : deux marks. Autres alcools : deux marks.

— Et alors ? demanda Vivienne et Anita répéta :

— Alcools blancs : deux marks. Autres alcools : deux marks."

Et elle se mit à rire. Vivienne reprit, vexée :

"Qu'est-ce qu'il y a là de si drôle ? et Jonathan, pris d'un fou rire, en eut presque les larmes aux yeux.

— C'est tout à fait correct, dit-il, ça, c'est Berlin, toujours clair et précis. Dans les Hackesche Hoefe, il y a toujours écrit sur un mur : «Le contre-pouvoir social doit se construire en commençant par le bas !»

— Qu'est-ce que tu faisais à Berlin ? demanda Anita. Je croyais que tu détestais Berlin ?

— Qui ne déteste pas Berlin ? dit Jonathan. Mais c'est bien pour ça qu'on y va volontiers de temps à autre. J'ai donné une conférence là-bas, sur «L'importance des soap-opéras dans l'étude de la réincarnation.»

— Tu ne dis pas ça sérieusement ? demanda Gudrun, qui avait passé des années à Poona et était experte en réincarnation.

— Non, dit Jonathan, je ne dis pas ça sérieusement", et Gudrun, perdant ses moyens, ne sut plus que dire.

Au moment de la crème de framboises au vin rouge, Ben tapota son verre avec son couteau et fit mine de vouloir tenir un discours.

“Non, Ben, dit Alma d’un ton cinglant, s’il te plaît. S’il te plaît ne fais pas ça maintenant.”

Elle redoutait son bavardage sans fin et craignait qu’il ne parlât trop intimement du bonheur, de la gratitude et de vingt-cinq merveilleuses années. Elle n’aurait pu le supporter.

Il la regarda d’un air un peu agacé et dit :

“Mais enfin, c’est notre journée, je voulais…

— Justement, rétorqua-t-elle, tu ne vas pas faire ça maintenant.”

Heinz se leva.

“Alors c’est moi qui le ferais, dit-il, Ben, Alma, c’est formidable que vous soyez toujours ensemble, je vous en félicite et nous en félicite aussi, et je te remercie, Alma, pour ce merveilleux dîner. J’espère que vous serez heureux ensemble pendant de longues années encore.

— Le bonheur n’existe pas, objecta Jonathan, et Vivienne lança :

— Il existe, c’est juste que tout le monde n’y a pas droit.

— Le bonheur, poursuivit Jonathan, c’est le soleil sur la tapisserie d’une chambre d’hôtel. A part ça, ce que l’on appelle bonheur n’existe que dans les souvenirs. On ne sait ce qu’est le bonheur que lorsqu’on l’a perdu”, et Alma se rendit compte qu’elle avait été très heureuse à une époque, même avec Ben, mais que c’était du passé. Quelque chose leur était arrivé, mais quoi ? Et était-ce vraiment si terrible ou bien tout à fait normal, au fond ? Les tapis s’usaient aussi, non ?

Mais Ben ne comptait pas abandonner la partie si facilement et il reprit :

“Je voudrais vous raconter quelque chose, dit-il, quelque chose qui nous est arrivé l’été dernier.

— Non, Ben, dit Alma, c'est une histoire très personnelle et tu ne vas pas la raconter maintenant."

Ben la regarda d'un air à la fois étonné et furieux.

"Qu'est-ce que ça a de si personnel ? demanda-t-il. C'est une histoire tout à fait étonnante, et d'ailleurs nous sommes entre amis, alors s'il te plaît. Bon. Vous savez qu'Alma et moi sommes allés en France l'année passée, en Bretagne, où nous étions souvent allés dans les premières années de notre mariage."

Alma repoussa sa chaise et se leva. Anita la suivit dans la cuisine.

"Qu'est-ce qui t'arrive, demanda Anita, qu'est-ce que c'est que cette histoire, je la connais ?

— Non, dit Alma, personne ne la connaît, et je ne crois pas que ce soit quelque chose qu'il faille raconter si fièrement maintenant. Ça n'a rien de glorieux, et, pour moi, c'est même plutôt un poids qui me pèse sur la conscience."

Et elle raconta à Anita ce voyage qui avait été une telle déception. Pendant des heures, ils étaient restés assis côte à côte sans dire un mot, refaisant le trajet à travers les chemins et les villages, se rappelant chacun pour soi les pique-niques qu'ils avaient faits ici ou là, le champ dans lequel ils avaient fait l'amour, mais ils n'en avaient pas parlé, pas plus sur la route que le soir, quand ils étaient allongés côte à côte sans se toucher, dans les lits froids et humides des chambres d'hôtel.

"Rien n'est plus bête, dit Alma, que de revenir à l'endroit où l'on a été heureux un jour. On ne ressent plus que la perte, et cela fait mal."

Puis elle raconta la suite : à Pléhérel, là où ils avaient autrefois passé leur premier été, ils avaient croisé dans la rue un grand jeune homme d'une trentaine d'années qui s'était arrêté net en les voyant, avait fondu en larmes, les avait pris dans ses bras, embrassés tous les deux, les avait soulevés dans les airs, fait tournoyer, répétant sans arrêt leurs prénoms, débordant de joie.

"C'était Yannick, dit-elle, à l'époque, il avait dix ans, c'était le fils du paysan chez qui nous avons campé tout l'été. Il venait souvent nous voir, Ben lui a appris à nager, il avait le droit de conduire notre 2CV à travers les champs, il avait le droit d'aspirer une bouffée de mes cigarettes, et nous avons eu une conversation avec son père pour qu'il cesse de le battre. Yannick était un enfant fragile."

Alma fixait un point devant elle, le regard perdu. Puis elle leva la tête vers Anita, les yeux pleins de larmes.

"Nous l'avons aimé, tu sais, dit-elle, pendant un été, il a été comme notre fils. Nous l'avons vraiment aimé. Et puis nous sommes partis et nous l'avons bel et bien oublié. Oublié. Nous avons mené notre vie et pendant vingt-quatre ans nous n'avons plus jamais repensé à cet enfant. Quelle sorte d'individus sommes-nous ?

— Chacun a sa vie, dit Anita pour tenter de la consoler, mais Alma secoua la tête :

— Mais lui ne nous a pas oubliés, dit-elle, il a gardé intact son amour pour nous."

Quand elles retournèrent au salon, parce que Alma ne voulait pas que son absence se prolonge tragiquement, Ben était justement en train de raconter fièrement :

"Et maintenant, il est conducteur de métro à Paris, il a deux enfants, et vous savez quoi ? Il a appelé ses deux enfants comme nous, Alma et Ben. Ce n'est pas génial ?

— C'est fou ce qu'on peut entendre comme histoires !" lança Vivienne, et Jonathan regarda Alma et lui sourit : il comprenait.

Par chance, avant que le silence ne s'installe, Gudrun enchaîna avec l'histoire d'une mère porteuse américaine qui avait eu des jumeaux, mais le couple dont elle était censée porter l'enfant n'en avait commandé qu'un, n'en voulait qu'un et n'en prit donc qu'un. L'autre fut placé dans un orphelinat.

"Vous ne trouvez pas cela terrifiant ? demanda Gudrun, et soudain, Christian, qui, replié sur lui-même, n'avait pas prononcé un mot de la soirée ni cessé de tenir la main de Gabor, annonça :

— Gabor a le sida."

Ben posa ses couverts à côté de son assiette et cessa de mâcher. Anita porta ses deux mains à la bouche. Vivienne sortit en courant, comme si elle devait vomir encore une fois. Gudrun posa une main sur la poitrine, ferma les yeux et s'efforça de retrouver une respiration calme. Léo alluma une cigarette en tremblant. Heinz les fixait, les uns après les autres, en espérant que l'un d'eux dise enfin quelque chose et Alma dit :

"Non.

— Si, dit Christian, il a fait le test. Il est positif."

Jonathan, qui était assis à côté de Gabor, le prit par les épaules – un geste rare qui émut particulièrement Alma, car elle savait que Jonathan évitait autant que possible les contacts humains.

"Gabor, dit-il, ça peut encore bien se passer pendant des années. Maintenant, tu le sais, et alors, nous devons tous mourir, tu as peut-être encore quinze, vingt ans, c'est plus de temps que je n'en ai moi, avec mon foie : santé."

Et il vida son verre.

Christian pleurait, et Alma s'approcha de lui pour essuyer ses larmes avec une serviette.

“Non, dit-elle, interdiction de pleurer, d'abord on va continuer à vivre, et puis c'est sur le sida qu'ils font le plus de recherches en ce moment, tout peut encore s'arranger, Gabor.

— Rien va arranger, se lamenta Gabor, il faut arrêter que je travaille.

— Ne te fais pas de souci pour ça, dit Heinz, heureux de pouvoir apporter un peu de consolation. Je trouverai un autre boulot pour toi dans mon entreprise.”

Gudrun rouvrit les yeux, respira profondément et déclara :

“Ne m'en veuillez pas, mais il faut que j'y aille. Ça fait un peu beaucoup à la fois, je voudrais être seule et méditer.”

Léo voulut se lever, mais elle fit un geste pour l'arrêter.

“Non, dit-elle, personne ne m'accompagne, s'il vous plaît. J'en ai besoin. Je vous fais signe.”

Sur le pas de la porte, elle croisa Vivienne qui demanda :

“On y va déjà ?

— Moi j'y vais, dit Gudrun, et Vivienne prit son manteau dans l'armoire en disant :

— Je viens avec toi, je me sens tellement mal depuis le début de la soirée, pardonnez-moi, et elles disparurent toutes les deux.

— Pauvre cruche, dit Heinz quand la porte se referma, puis il se tourna vers Léo : Je veux dire Vivienne, pas Gudrun.

— Pauvres cruches pour les deux, dit Léo, puis il demanda à Christian : Si lui l'a, tu vas l'avoir aussi ?

— Non, soupira Christian, on peut faire attention. Je ne l'ai pas, et je ne l'aurai pas.

— Gabor, dis quelque chose, essaya Ben, et Gabor haussa ses maigres épaules.

— Qu'est-ce que je peux dire, répondit-il doucement, vous avez déjà dit sur la vieillesse et la mort. Parfois la mort vient, quand la vieillesse pas encore.

— Elle ne viendra pas, déclara Léo convaincu, il y a des médicaments pour ça, une alimentation saine, tu peux vivre en fonction. Ce n'est pas une tragédie.

— Pour moi si", sanglota Christian, et pour la première fois, Alma songea brièvement au fait qu'apparemment Christian aimait vraiment Gabor. Elle déclara, sans y croire vraiment :

"Allons, nous allons surmonter ça tous ensemble, tu verras. Vous verrez."

Et elle se rassit à sa place.

Heinz ouvrit une bouteille de vin.

"Celui-ci, commença-t-il, est l'un des meilleurs, il est parfait pour maintenant. Vieilli en fût. Il faudrait normalement le faire décanter, mais rien à foutre. A grandes occasions grands vins."

Il se servit un verre, ferma les yeux et dit :

"Hmm. Souple en bouche, avec une puissance tout à fait typique en finale."

Il remplit les verres de chacun, Gabor voulut refuser.

"Pas trop alcool, dit-il, mais Heinz y tenait :

— Ce n'est pas de l'alcool, c'est un remède pour toi."

Ils levèrent leurs verres, tout était calme soudain.

"Bien, dit Heinz, puisque nous en sommes aux confessions : Vivienne et moi, nous allons nous séparer."

Personne ne répondit, tous regardaient devant eux, l'air songeur, et Heinz dit, déçu :

"Ah, vous vous en doutiez déjà, pas vrai ?

— Non, répondit Jonathan sans délicatesse, c'est seulement que ça n'intéresse personne, Heinz."

Anita avait l'impression qu'il fallait encore dire quelque chose de gentil à Christian et Gabor, et elle demanda maladroitement :

"Qu'est-ce que vous allez faire maintenant, tous les deux ?"

Christian essuya ses larmes, se moucha dans la serviette et sourit.

"Ce qu'on va faire ? répondit-il. Qu'est-ce qu'on peut bien faire. Continuer à respirer." Et Gabor approuva de la tête.

"Nietzsche disait, commença Léo, puis il balaya ses propos d'un geste, déjà légèrement éméché. On s'en fout de ce que disait Nietzsche."

Jonathan se mit à rire.

"Comment ça ? Enfin, Léo, plaisanta-t-il, il est impossible que Nietzsche se taise. Vous vous souvenez, demanda-t-il à la cantonade, quand Léo a écumé tous les théâtres et toutes les salles de conférences du coin avec ses textes de Nietzsche ? Tous les soirs, ils le maquillaient ici au théâtre municipal, le front haut, la crinière de cheveux, la moustache, ils ne seraient pas arrivés à ce résultat en province, et ça durait chaque fois deux heures. C'était parfait, pas vrai, Léo ? Tu étais Nietzsche. Vous vous rappelez, il enfilait de vieilles nippes d'époque et sillonnait avec sa Peugeot tous les villages des environs pour faire découvrir aux gens les textes de Nietzsche, dans les salles des fêtes et les petits théâtres. Une fois, je l'ai accompagné, et je n'oublierai jamais, à Gummersbach, la tête des gens qui, au feu rouge, regardaient la voiture conduite par Nietzsche."

Personne ne parvint à rire vraiment, la soirée était gâchée, tous le sentaient. Heinz et Léo se levèrent pour partir, emmenant avec eux Christian et Gabor. Jonathan voulait fumer un dernier cigare avec Ben, et Anita et Alma commencèrent à ranger dans la cuisine.

"Je vais quitter Ben, dit Alma.

— Non ! répondit Anita, consternée, et elle s'effondra sur une chaise.

— Si, dit Alma calmement en lavant les verres. Il me reste peut-être quinze, vingt ans. Je veux avoir à nouveau une vie à moi.

— Mais vous êtes si bien ici, dit Anita, qu'est-ce que je ne donnerais pas pour…

— Alors prends-le, toi, répliqua Alma brusquement, puis elle ajouta tout de suite : Pardonne-moi. Je suis désolée."

Anita répondit :

"Je ne sais pas quoi dire. Je suis trop soûle. Je vais rentrer chez moi et je t'appellerai dans les jours qui viennent. Ne précipite rien, Alma."

Elle embrassa Alma, dit au revoir aux deux hommes assis dans le salon et partit, Alma entendit sa voiture s'éloigner. Anita avait beau être soûle, elle conduisait toujours elle-même, elle avait une peur bleue de s'en remettre à n'importe quel chauffeur de taxi raciste, débile et agressif, comme elle disait.

Alma éteignit la lumière dans la cuisine, elle rangerait demain. Demain. Dans le salon, Ben expliquait à Jonathan qu'il voulait investir en bourse vingt mille dans le dollar néo-zélandais, et Alma ne se donna pas la peine d'aller dire bonne nuit, elle se dirigea vers la chambre d'amis et s'allongea tout habillée sur le lit. Elle ferma les yeux et réfléchit à ce qui était important et à ce qui ne l'était pas. Elle s'aperçut alors avec étonnement que ce qui avait été essentiel autrefois n'avait plus aucune importance aujourd'hui, par conséquent, ce qu'elle croyait aujourd'hui être essentiel se révélerait un jour sans aucune importance. Tout n'était qu'une question d'instant.

"Je vais partir à Paris, pensa-t-elle avant de sombrer dans le sommeil. Je vais aller voir Yannick et les enfants, et, ensuite, on verra bien."

En définitive, la vie était un mystère, un secret, en quelque sorte introuvable, et le bonheur, pensa Alma, le bonheur, Jonathan avait bien raison, le bonheur, c'est le soleil sur la tapisserie d'une chambre d'hôtel.

LE JOUR OÙ BORIS BECKER S'EN EST ALLÉ

Le 30 juin 1999, Boris Becker disputait son dernier match à Wimbledon. Battu, il déclara : "Il était temps d'arrêter", puis ajouta : "C'est bien que ce soit fini."

Nous avions toujours su que ce jour viendrait, et pourtant, lorsqu'il est arrivé, nous en avons tous été bouleversés et consternés. Plus jamais notre petit Boris ! La plupart d'entre nous ne s'intéressaient pas au sport, et encore moins au tennis. "Cinquante-cinq millions de morts pendant la Deuxième Guerre mondiale, disait toujours Wenzel, et il faudrait que je m'intéresse à la troisième place au classement ATP ? Allez vous faire voir."

Pour nous, le seul sport véritablement populaire, c'était le football, et dans le bar où nous avions nos habitudes la Coupe du monde de foot, toujours retransmise dans son intégralité, était accompagnée de paris faramineux. Pourtant, Boris Becker, ce jeune homme roux aux yeux clairs et aux cils blonds qui avait tout à coup fait surface dans le monde du tennis, un petit gars dodu, gauche et apparemment pas très malin, bien loin de l'habituel joueur de tennis, fils de bonne famille en socquettes blanches, ce Boris Becker, au fil des années, avait fini par tous nous fasciner. Nous avions assisté à son triomphe, lorsqu'il était devenu un homme, séduisant, conscient de sa propre valeur, élégant et sûr de lui. Nous avons jubilé lorsque lui, le plus blond des Teutons, a épousé une femme de couleur. Nous aimions ses transports de joie et nous souffrions avec lui quand il jetait avec désespoir sa raquette sur le gazon en criant "Merde !", et comme *lui* surfait sur Internet dans une publicité, nous surfions aussi. Cela nous brisait presque le cœur de savoir qu'à présent nous n'allions plus jamais le revoir, du moins plus jamais en short, courant, les poings serrés de joie ou de colère, car : "L'année prochaine, je serai là, mais en costume-cravate" – c'est ce qu'il avait aussi annoncé. S'il se retirait maintenant, c'est qu'il savait qu'il était temps, et nous, de notre côté, nous qui avions vieilli avec lui jour après jour, nous étions toujours assis au même endroit. Nous l'avions accueilli autrefois parmi nous, nous avions passé toutes ces années ensemble, et maintenant il continuait tout simplement son chemin en nous laissant derrière lui. Nous nous sentions comme des parents dont les enfants quittent définitivement la maison en inscrivant sur la porte à l'encre invisible : "Maintenant, vous êtes vieux."

C'était une journée suffocante, ennuyeuse, lourde. Un jeudi. Un orage se préparait. J'avais pris mon vélo pour aller porter des fleurs du jardin sur la tombe de ma mère. J'ai jeté les fleurs fanées, mis les fraîches dans le vase et je lui ai demandé pardon, une fois de plus, pardon pour tout. Comme d'habitude, elle n'a pas répondu, et pourtant il y aurait eu tant de choses dont nous aurions pu discuter. Mais nous avions loupé le coche, et à présent elle gisait, réduite en cendres, dans son urne *Terra nera* à

685 marks, parmi les roses blanches, la lavande et les pensées sauvages que nous lui avions plantées, et elle se taisait. Je savais qu'elle aurait certainement eu plaisir à voir Boris Becker pour son dernier jour, elle l'aimait bien, elle aussi, et elle achetait tous les journaux qui parlaient de lui. Ces jours-ci, elle se serait aussi indignée de la peine capitale prononcée contre Öcalan, le leader du PKK, car lui aussi lui plaisait. "Escroc, avait-elle dit, mais, quand même, il a raison : cela fait des siècles que les Kurdes sont trahis, par tous, mais surtout par les Turcs. Qu'est-ce que tu en penses, toi ?" J'avais répondu que je ne comprenais pas grand-chose à tout cela, et elle avait soupiré, comme elle le faisait si souvent : "A quoi bon t'avoir payé des études."

Elle était restée si curieuse de tout, si attentive et critique jusqu'à la fin, jusqu'à la première attaque d'apoplexie qui lui avait paralysé la moitié du cerveau avant que, du jour au lendemain, la deuxième ne fasse d'elle une vieille femme impotente. C'était il y a peu de temps, je n'avais pas encore saisi, je ne m'étais pas encore remise de cette terreur, de la souffrance qu'est mourir, de la souffrance qu'assister à la mort représente, et d'ailleurs je me soûlais tous les soirs pour passer la nuit tant bien que mal. Le temps ne guérit pas toutes les blessures. Le temps est la blessure.

Ce soir-là encore, j'ai pédalé sans hâte jusqu'à notre bar habituel dont l'entrée était surmontée d'un néon vert commandant "Abolissez tout", et à côté de la porte, à droite, il y avait un vieux graffiti à la bombe : "Combatez le fascisme !" Il manquait un *t*, le tagueur l'avait oublié, mais que valent finalement quelques règles d'orthographe face à une saine conviction. En dessous, on pouvait à peine lire encore, inscrit à la craie et déjà presque effacé, un émouvant : "Formez des gangs !"

Et à l'intérieur, ils parlaient de Boris.

"Il était temps d'arrêter, disait Wenzel, furieux, quelle connerie, en ces temps d'adolescence survoltée, il serait plutôt temps de continuer, mon petit Boris, on a besoin de quelqu'un comme toi ! Schmitt, remets-nous une tournée."

Schmitt a remis une tournée, il était de mauvaise humeur parce qu'il y avait de l'eau dans le gaz avec sa femme, qui n'était d'ailleurs sa femme que depuis qu'ils s'étaient séparés. Pendant dix ans, ils étaient restés ensemble, ils avaient fait de ce bar ce qu'il était pour nous tous aujourd'hui, ils avaient élevé leur fille Ramona avec notre aide, et puis : fini, terminé, elle l'avait mis dehors du jour au lendemain, le jour où son chat s'était fait écraser devant la porte de la maison. Hella avait enterré le chat dans l'arrière-cour en pleurant, et, ce faisant, elle s'était rendu compte de tout l'amour qu'elle portait à ce chat et du peu d'amour qu'elle portait encore à Schmitt, c'est pourquoi Schmitt avait dû partir, et peut-être avait-elle lancé elle aussi : "Il était temps d'arrêter, Schmitt !"

Schmitt s'était donc cherché un appartement, et, peu après, tous deux s'étaient mariés tout en étant complètement brouillés. C'est Hella qui avait insisté, pour que leur fille vive enfin dans des conditions convenables et pour qu'il ne vienne pas à l'idée de Schmitt de ne rien payer, et puis quoi, une fois dans sa vie, elle voulait aussi se marier, alors pourquoi pas maintenant que tout était fini ?

Nous étions tous allés au mariage, encore vêtus de ces vieilles nippes des années 1970

– cauchemardesques pantalons orange et rose, manteaux en peau de mouton à broderies et robes indiennes flottantes – que nous portions juste avant, au cimetière, où Ludger tournait son premier téléfilm. Ainsi accoutrés, nous devions jouer les figurants dans une scène d'enterrement, gratuitement, bien entendu. Ludger avait ensuite offert en échange quelques tournées chez Schmitt. Dans le film, un vieux soixante-huitard était enterré et nous mimions les amis qui lui rendaient les honneurs funèbres. Nous étions tous là – Wenzel et Huberti, le plus à gauche des duos de chansonniers de gauche, Karl, qui était devenu millionnaire grâce à sa maison de disques, mais était resté trotskiste, P'tit Fritz, le coiffeur, qui avait déjà coupé les cheveux de toute la bande dans la cuisine du bar, après la fermeture, Jupp et Danilo, qui avaient monté ensemble une ébénisterie et créaient des meubles avant-gardistes dont personne ne voulait. La belle Janni était là, qui s'était couchée dans tous les lits, jurant chaque fois un amour éternel, puis tombant amoureuse d'un autre deux jours plus tard, Tayfun était là, notre Turc modèle, qui parlait le dialecte de la région mieux que certains d'entre nous, mon amie Lola était là, la musicienne qui composait de mélancoliques chants des travailleurs, mais ne trouvait plus aucun travailleur pour l'écouter et ne chantait donc que pour nous, Frank était là, le placide joueur d'échecs qui ne jouait jamais que contre lui-même ou contre l'ordinateur, et j'étais là moi aussi, dans un pantalon vert fluo et un blouson déniché dans les réserves du théâtre, un blouson de cuir orné de chaînes dorées et d'une inscription dans le dos : *Hotel California*.

Encore une fois, je me retrouvais donc dans un cimetière, mais, cette fois, ce n'était pas l'urne *Terra nera* contenant les cendres de ma mère que nous laissions descendre dans la fosse – la famille se charge de l'inhumation, avait dit l'employé des pompes funèbres en faisant discrètement signe aux deux fossoyeurs –, cette fois, ce n'était qu'un enterrement fictif, et nous devions tous – d'après les indications scéniques de Ludger – avoir l'air aussi bouleversé que possible, sans pour autant nous forcer à ressentir vraiment quelque chose.

Pour ma mère, au moment où la famille s'était chargée de l'inhumation, c'est-à-dire au moment où nous avions lentement laissé l'urne descendre dans la fosse au bout de deux cordes, je n'avais alors de fait rien ressenti, et j'avais juste pensé que la poussière, cette poussière que ma mère avait combattue toute sa vie avec tant d'obstination, avait fini par la recouvrir. C'est tout ce que j'avais pensé. Cette fois en revanche, pendant l'enterrement fictif, j'avais le cœur lourd, pareil à un bloc de glace que je sentais fondre, ce que je redoutais, car il y avait dans mon âme des risques d'inondation. Je préférais rester un iceberg, dont le gentil sommet clair surplombe l'eau, visible de tous, tandis que la grande partie sombre de moi restait, dure et dangereuse, au-dessous de la surface. Je craignais que mes amis ne s'approchent trop imprudemment de moi, qu'ils ne heurtent l'iceberg et ne s'y brisent. Je me tenais toujours en retrait.

Je regardais la tombe et le cercueil vide et je faisais le deuil de nous tous qui, tôt ou tard, serions aussi allongés là, et Schmitt nous jetterait alors à la tête les sous-bocks qui nous servaient d'ardoises.

Tout de suite après l'enterrement fictif, la horde multicolore de figurants que nous étions s'était donc rendue au mariage de Schmitt et Hella. Nous étions impressionnés par le fait que deux personnes se marient pour une fois, non pas au début de leur histoire d'amour, mais à la fin, et cela nous semblait même sincère, logique et honnête. L'amour n'était pas un placement sûr, tandis que le mariage avait au moins le mérite d'offrir à Hella et Ramona le minimum vital, tout nous paraissait donc être pour le mieux, et même Schmitt disait : "Pourquoi ne pas l'épouser, juste parce qu'elle m'a mis dehors." En entendant prononcer la formule "jusqu'à ce que la mort vous sépare", nous avions quand même tous pouffé de rire et Hella avait déclaré : "A croire que nous sommes déjà morts, puisque nous sommes pour ainsi dire déjà divorcés."

La noce dans le bar s'était transformée en une belle beuverie, Hella et Schmitt ne s'étaient pas chamaillés une seule fois de toute la journée.

Mais le soir où Boris Becker a perdu et s'est retiré, ce soir-là, Schmitt était d'une humeur de chien. Il avait une nouvelle petite amie et avait prévu d'aller au cinéma avec elle voir un film avec Robert De Niro. D'après le planning, Hella aurait dû prendre sa place pour le dernier quart, mais elle n'avait pas montré le bout de son nez.

"Elle ne compte pas, a dit Schmitt, furieux, en déposant avec fracas les bières et les schnaps sur notre table, elle ne compte pas, m'a-t-elle dit, travailler ici pendant que je vais au cinéma avec ma nénette. Voilà qu'elle est jalouse, tout d'un coup. Mais elle va voir de quel bois je me chauffe, je vais la mettre sur le planning pour le réveillon de l'an 2000, et puis je la laisserai servir et s'encroûter ici toute la nuit avec vous tous, bande d'imbéciles.

— Le réveillon de l'an 2000, a dit Tayfun, sera un soir comme tous les autres et nous n'en prenons aucunement acte, tiens-toi-le pour dit ! Le 31 décembre, je veux boire ma bière tranquille comme tous les autres soirs, et si jamais quelqu'un prononce le mot millénium, ne serait-ce qu'une seule fois, je démolis la baraque.

— Tu ne feras pas ça, a dit Schmitt nonchalamment, parce que, sinon, ils te renverront à Ankara.

— Millénium, a soupiré Wenzel, rien que de l'entendre. Encore une de ces dates propices aux questions ultimes – d'où venons-nous, qui sommes-nous, où allons-nous, les animaux ont-ils une âme, les plantes ont-elles des sentiments. Vous ne voulez pas plutôt qu'on fiche le camp pour le réveillon, pour ne pas avoir à entendre tout ça ?"

Une discussion enflammée s'est alors engagée sur ce que nous pourrions faire pour le réveillon de l'an 2000, et Janni, qui sortait justement du film *Buena Vista Social Club*, les yeux bouffis de larmes, bien décidée à passer le reste de sa vie avec Compay Segundo, a proposé :

"Et si on allait tous fêter le quarantième anniversaire de la révolution à Cuba, tant que Fidel et La Havane existent encore ?

— Il ne manquerait plus que ça, moi à Cuba, a dit Wenzel, où ils trahissent le socialisme et où les gens moisissent en prison plus longtemps que n'importe où ailleurs. Les camarades de Fidel ont passé plus de temps à l'ombre que Mandela.

— Tu peux quand même venir avec nous et, pour défendre les droits de l'homme, t'enchaîner encore une heure par jour à n'importe quel bâtiment public", a proposé Tayfun.

Lorsqu'il était lycéen, Wenzel s'était déjà enchaîné pour protester contre la dictature militaire en Grèce, les extraits de journaux qui en parlaient jaunissaient dans des cadres suspendus au mur des toilettes pour hommes, juste au-dessus du graffiti : Ce ne sont pas les paysans qui fauchent le blé, ce sont les patrons.

"M'enchaîner une nouvelle fois pour le Bien dans le monde, a dit Wenzel en avalant cul sec son verre de grappa, ce n'est pas une mauvaise idée, je pourrais faire ça, la plage quand il fait beau, les chaînes quand il pleut, mais au moins deux ou trois heures alors. Ça marche, je pars avec vous."

Moi aussi, j'avais vu *Buena Vista Social Club* et je n'avais pas pu m'empêcher de pleurer pendant tout le film, tant ces vieux et leur musique tellement sincère m'avaient émue, j'avais fait le vœu d'atteindre enfin les quatre-vingt-douze ans – dans des conditions plus heureuses que ma pauvre maman là-bas dehors, dans son urne *Terra nera* à 685 marks –, et j'étais sortie du cinéma au comble de la joie. Il était encore là, ce sentiment de joie. Je voulais devenir un être meilleur et, en compagnie de ces amis, je me sentais calme et en paix.

Nous avions tous entre quarante et cinquante ans, les hommes avaient encore ou de nouveau des cheveux longs qu'ils portaient en queue de cheval, et nous, les femmes, nous n'utilisions pas de crème antirides pour rester belles. Certes, 1968 était loin, mais pas si loin que nous ne puissions nous en souvenir, et il ne serait venu à l'idée d'aucun d'entre nous de lire *Die Welt am Sonntag* ou de s'abonner au FAZ – nous savions encore où se trouvait l'ennemi et nous espérions aussi que l'électeur type du Parti libéral démocrate allait tout simplement vieillir et s'affaiblir de jour en jour jusqu'à disparaître complètement. “Il ne faut pas qu'ils se reproduisent”, disait toujours Huberti. Pourtant, le vendredi soir, quand les jeunes boursicoteurs tirés à quatre épingles débarquaient de la ville voisine dans leur voiture de sport rouge, et qu'ils regardaient bouche bée notre bar comme s'ils observaient le milieu naturel des dinosaures des temps anciens, en s'écriant, quand on passait Tom Waits : “Qu'est-ce que c'est que cette musique de merde ?”, alors nous ne savions plus très bien si ce ne serait pas plutôt eux, les futurs maîtres du monde. En 1968, nous avions revendiqué assez fort : Pas de pouvoir, pour personne ! Et, aujourd'hui, nous n'en avions effectivement pas.

Karl, notre millionnaire de gauche, disait d'un ton dédaigneux : “Rien qu'à les voir, ces types qui passent chez leur domina avant d'aller travailler, qui se font planter une aiguille dans les bourses, et qui montent ensuite au vingtième étage d'une tour pour déterminer le cours du cuivre, ça me dégoûte.”

Karl avait eu récemment une altercation avec la police, avec les mêmes flics, disait-il, qui à l'époque, nous avaient cognés sur le site nucléaire de Wackersdorf, et voilà que l'un de ces flics lui avait téléphoné au sujet de slogans kurdes peints sur le mur de sa maison.

“C'est vous, le propriétaire ? avait-il demandé, et lorsque Karl avait répondu par l'affirmative, il avait déclaré : Alors déposez donc je vous prie une plainte contre X, afin que nous puissions ouvrir une enquête pour dégradation de biens.

Nous savons en effet dans quel milieu enquêter pour trouver le responsable de ces cochonneries.

— Cochonneries ? avait hurlé Karl, non, mais j'ai mal entendu ! Vous voulez que je porte plainte contre vous pour – comment dites-vous ? – diffamation ? Pour qui est-ce que vous vous prenez, cette maison m'appartient, compris ? Et je me félicite que mes amis kurdes viennent écrire sur mon mur leurs revendications plus que légitimes. Foutez-moi la paix avec votre «plainte contre X» de merde, je ne veux pas être mêlé à ça", et il avait raccroché.

Nous étions tous terriblement fiers de Karl, qui avait su montrer aux flics que les millionnaires d'aujourd'hui n'ont pas les idées de ceux d'hier, même s'ils dépensent aujourd'hui plus d'argent pour des lunettes Calvin Klein qu'autrefois pour la guérilla armée au Nicaragua.

P'tit Fritz est entré, hors d'haleine et furieux. P'tit Fritz avait de longs et beaux cheveux gris, retenus en une queue de cheval qui se balançait dans son dos. Son salon de coiffure se trouvait juste en face du bar, il nous coupait les cheveux à tous et s'énervait contre toute coupe au bol façon ministre de l'Environnement – en forme de pot de chambre en haut et rasé en bas. Cette coupe, il ne la faisait pas, par principe. Les clients qui voulaient être coiffés comme ça, il les envoyait au salon de coiffure *Annie*, deux rues plus loin. "Là-bas, vous pourrez vous faire défigurer, disait-il, mais pas chez moi."

P'tit Fritz aussi était allé voir *Buena Vista Social Club*, et il était sorti très détendu du cinéma, lui aussi bien décidé à devenir un être meilleur et à offrir dès demain à Reni, sa petite amie depuis des lustres, deux gardénias, *dos gardenias*, en lui disant : "Reni, *dos gardenias para ti*, et si ces fleurs se fanent, alors je saurai *que tu amor me ha traicionado*, que tu ne m'aimes plus" – comme Ibrahim Ferrer l'avait chanté dans le film, ou du moins à peu près comme ça. Donc, P'tit Fritz était sorti du cinéma, calme et heureux, et en sortant il avait aperçu une contractuelle en plein travail. Elle glissait des contraventions sous les essuie-glaces des voitures garées devant le cinéma. P'tit Fritz, qui était venu à vélo et n'était donc absolument pas concerné, lui avait dit doucement et tout à fait dans l'esprit de la solidarité cubaine :

"Laisse donc, petite, ça ne mène à rien."

La contractuelle lui avait lancé un regard furieux.

"C'est votre véhicule ?" avait-elle demandé, et quand P'tit Fritz avait répondu : "Non !", elle avait sifflé entre ses dents : "Alors mêlez-vous de ce qui vous regarde !"

Mais pour une fois que P'tit Fritz travaillait justement à rendre le monde meilleur, il ne comptait pas lâcher le morceau, et il avait repris :

"Mais enfin, c'est idiot ce que tu fais, ça ne mène à rien. Les gens sont au cinéma, leur voiture ne gêne personne, ici, allez, ne cause pas d'ennuis, poupée. La vie est bien trop courte pour ça !"

Elle l'avait regardé d'un air ébahi et avait répondu : "Premièrement, je vous défends de me tutoyer et, deuxièmement, je ne permets pas d'intervention de la part d'un ignorant", et à ce moment P'tit Fritz avait oublié ses bonnes résolutions et son intention de changer la vie en douceur, et il avait dit ce que nous aurions tous dit dans ces circonstances : "Espèce de gourde."

Elle s'était approchée de lui.

"Qu'est-ce que vous venez de dire ? avait-elle demandé en dégainant déjà de sa poche un second carnet.

— J'ai dit : espèce de gourde, avait répété P'tit Fritz obligeamment, et j'ajoute : Pourquoi est-ce que tu ne vas pas plutôt faire le tapin ?"

Jupp, qui avait accompagné P'tit Fritz au cinéma et avait tenté de le retenir en vain, nous avait entre-temps rejoints à table. Il nous a certifié qu'après cela la contractuelle avait appelé la patrouille par radio et avait voulu relever l'identité de P'tit Fritz. Danilo, qui avait également assisté à la scène, nous a assuré qu'il avait tiré plusieurs fois P'tit Fritz par la manche en disant : "Laisse tomber, P'tit Fritz !", mais P'tit Fritz n'avait rien voulu entendre et, pour finir, une voiture de police, qui avait même mis son gyrophare, était effectivement arrivée devant le cinéma. Sur ce et sans prévenir, P'tit Fritz avait filé avec une agilité étonnante, le laissant lui, Danilo, se soumettre avec Jupp à un interrogatoire et témoigner de leur degré de connaissance avec l'offenseur. Evidemment, ils avaient nié être avec lui. Evidemment, on avait relevé leur identité et, évidemment, la contractuelle avait dit : "Vous l'avez appelé P'tit Fritz."

"P'tit Fritz ? avait dit Jupp. Qui est-ce que ça peut bien être, connais pas, j'ai sans doute dit «p'tite frite» parce que je voulais aller manger un morceau. Où trouve-t-on par ici les meilleures frites, madame le sergent de ville ?" et la contractuelle avait montré Danilo du doigt et accusé : "Non, lui, là."

Danilo avait joué de manière convaincante l'Italien qui ne parle pas un mot d'allemand en répétant sans cesse : *"Ma Dio spettinato, io non so assolutamente niente"*, ce qui signifie à peu près : "Dieu mal peigné – un juron toscan, apparemment –, je ne suis au courant de rien." Finalement, on les avait laissés partir, et ils étaient à présent tous là.

Schmitt apportait les bières et les schnaps, quand, tout à coup, la porte s'est ouverte sur deux agents en blousons verts, portant ces horribles pantalons couleur moutarde, accompagnés de la contractuelle. P'tit Fritz s'est levé d'un bond et s'est enfui par la porte de derrière, il connaissait le chemin, et les deux agents se sont lancés à sa poursuite.

"Ils nous ont vraiment suivis, a juré Danilo, et Schmitt s'est écrié :

— Merde ! Juste aujourd'hui, la porte qui donne sur l'arrière-cour est fermée à clé, il ne pourra pas sortir par là", et déjà, les deux agents revenaient avec P'tit Fritz. Ils ont relevé son identité et l'ont informé d'une plainte pour outrage à agent. Danilo et Jupp ont été mis directement dans le même sac, et notre moral est tombé encore plus bas qu'il ne l'était déjà de toute façon, en ce jour où Boris Becker nous avait abandonnés.

Une fois les colonels moutarde repartis, Schmitt a fait remarquer : "C'est pas terrible pour les affaires, ce que vous me faites là", et Tayfun, qui travaillait comme interprète au tribunal lors des procès impliquant des Turcs et s'y connaissait, a calculé que cette mauvaise blague coûterait à P'tit Fritz dans les trois mille marks. "Il va falloir que tu fasses beaucoup de coupes", a-t-il dit. Nous avons fait la promesse de nous cotiser, et cela a marqué pour un temps la fin de notre projet de voyage à Cuba. Wenzel et Huberti trouvaient finalement que c'était mieux ainsi, le communisme, oui, Fidel, non, ont-ils dit, et ils ont enchaîné sur l'écrivain Heiner Müller qui se bourrait la gueule avec les gens de la Stasi, tout en essayant de les convertir au vrai communisme – mais ces derniers ne voulaient rien entendre.

Malgré tout, l'année suivante, pendant le carnaval, Wenzel et Huberti sont apparus coiffés d'un béret à la Che Guevara et parés d'une étoile rouge, et ainsi déguisés en "joyeux partisans du Cuba libre", ils ont présenté un superbe petit numéro pour la fête off du Lundi gras : "Buvons le capital ! Dansons pour la révolution ! Le communisme, à deux c'est mieux, pas de panique avec la dialectique, le communisme a du rythme, il se met à danser, et chacun s'y met. *Venceremos*, nous vaincrons !" Et ils ont lancé pour finir le cri de ralliement du carnaval : *Alaaf*.

Mais ce soir-là, le soir où notre Boris a tiré sa révérence, il y a d'abord eu une nouvelle discussion brûlante avec ceux qui étaient toujours au PC allemand, comme Lola, par exemple, qui continuait de payer sa carte de membre, qui était abonnée au journal du Parti, et qui se mettait même à croire en un avenir rouge mais établi, quand Johann, le laqueur, acceptait finalement, après avoir bu huit bières, qu'elle l'embrasse et le prenne dans ses bras. Lola a pris fait et cause pour Fidel. Son père était décédé récemment – tout à coup, nous étions tous orphelins –, lui qui s'était même battu contre Franco avec les Brigades internationales. Depuis un an, elle s'efforçait de faire graver le marteau et la faucille sur sa tombe, à Dortmund, mais l'administration du cimetière s'y opposait radicalement.

"Et ça se veut une ville de travailleurs, pestait Lola contre Dortmund. Si vous allez à Cologne, au cimetière de Melaten, là-bas, il y a sur les tombes des pans entiers de chansons de carnaval."

Huberti trouvait qu'on ne pouvait pas comparer de manière inconsidérée les symboles du communisme et ceux du carnaval rhénan, et

Jupp a proposé à Lola de graver lui-même le marteau et la faucille sur la tombe du père de Lola, de toute façon, personne ne le remarquerait. Il ne fallait jamais demander des choses pareilles à une administration, disait-il, dans ce genre de cas, le citoyen devait prendre bravement sa propre décision. Quelques mois après la mort du père de Wenzel, nous avions d'ailleurs été quatre à escalader le mur du cimetière pour aller enterrer dans sa tombe son teckel qui venait de mourir, à ses pieds, à la place où le chien avait finalement toujours dormi du temps où tous deux étaient encore en vie. Et après la mort de Rudi Kummer – Rudi qui, pendant des années, nous avait approvisionnés en poésie via LSD, sa Littérature Sans Détour –, là aussi, nous étions allés au cimetière pendant la nuit pour poser une pierre tombale qui portait la dédicace qu'il avait souhaitée et que les administrations allemandes du cimetière n'avaient jamais acceptée : "Hélas, notre bon Rudi est mort. Qui dorénavant brandira face aux aléas de la vie l'étendard brûlant au firmament ?"

Rudi avait été le premier d'entre nous à mourir, un cancer du poumon qui s'était éternisé. Son fils est venu au monde une semaine avant sa mort, et il l'a appelé Kain, afin qu'il porte le beau nom de Kain Kummer*. Rudi avait aussi un fils naturel avec Janni, il l'avait baptisé Drusius Ingomar, pour qu'il puisse, même s'il n'allait pas bien loin dans la vie, au moins abréger son nom en Dr Ing. et se fasse ainsi passer pour un docteur en ingénierie. J'espérais revoir un jour Rudi, là-bas, de l'autre côté, il me manquait

* Le prénom *Kain* se prononce comme *kein*, "pas de", et *Kummer* signifie "chagrin, peine". *(N.d.T.)*

beaucoup, et, d'ici là, peut-être aurait-il déjà rencontré Robert Musil au paradis et fondé enfin avec lui le "Secrétariat général de l'âme et de la précision", et alors je pourrais devenir secrétaire en chef, et je serais sauvée.

P'tit Fritz jurait contre cette nouvelle rencontre avec la police. Il avait eu affaire aux petits hommes vêtus de vert à peine une semaine auparavant – un soir où il dormait dans son arrière-boutique, sur un lit de camp. Il faisait cela de temps à autre, quand il était trop soûl pour rentrer chez lui en voiture. Au milieu de la nuit, il avait entendu un bruit, avait sorti le revolver qu'il détenait bien sûr illégalement et était allé voir. En voyant le pétard, les deux junkies à l'origine du bruit avaient eu tellement peur qu'ils avaient tout de suite pris le large. Mais comme la vitrine avait été enfoncée, P'tit Fritz avait par prudence appelé la police, qui était venue, avait pris note de l'incident et qui, manque de pot, avait mis la main sur les deux pauvres junkies dans la nuit même. Et bien sûr, ceux-ci avaient déclaré qu'on les avait menacés avec un revolver. P'tit Fritz s'était alors retrouvé dans de beaux draps, détention illégale d'arme, mais il avait affirmé qu'il avait juste fait "Bouh !". Evidemment, le revolver était depuis longtemps à l'abri dans la caisse de Schmitt, une perquisition au salon de coiffure n'avait rien donné. Mais ces imbéciles de junkies n'en démordaient pas et il devait à présent faire une déposition.

Nous lui avons conseillé de dire qu'il s'agissait d'un sèche-cheveux, un sèche-cheveux noir, tout coiffeur possède un sèche-cheveux noir, et tout junkie un peu niais prend un sèche-cheveux pour un revolver. Cette version convenait parfaitement à P'tit Fritz qui s'est autorisé une grande vodka avant de déclarer, abattu :

“Ça ne marchera pas, tous mes sèche-cheveux sont roses.

— Alors dès demain matin, j'irai t'acheter quelques sèche-cheveux noirs”, a dit Karl dans un élan de générosité, et l'affaire a été réglée.

Chaque fois qu'il était soûl, P'tit Fritz avait des ennuis avec la police – une fois, j'étais avec lui, c'était après un concert de rock à Fulda. Nous rentrions chez nous par le train qui, heureusement, roulait plutôt lentement. En pleine campagne, P'tit Fritz avait tiré le signal d'alarme et ordonné qu'on change de personnel, car le trajet ne lui convenait pas. Mais pour ce qui était de couper les cheveux, ça, il savait s'y prendre, même s'il fallait vérifier qu'il porte bien ses lunettes pour la coupe, car certains jours, par coquetterie, il ne les portait pas et il était alors plus prudent de se contenter d'un shampooing et d'une mise en plis.

La discussion s'est orientée sur Öcalan et la peine de mort. Nous étions tous contre, dans le cas d'Öcalan, bien sûr, mais aussi en général, toutefois ce soir-là, P'tit Fritz a évidemment exigé la tête de toutes les contractuelles de la planète.

Huberti a ensuite raconté l'histoire d'un homme qui avait été condamné à mort dans l'Utah et qui avait souhaité pour son dernier repas une pizza et du Coca-Cola. On lui avait apporté un Pepsi, ce qui l'avait mis dans une colère noire – toute sa vie, il avait profondément méprisé le Pepsi-Cola, et voilà qu'il lui arrivait un truc pareil. Une vie complètement ratée. Ensuite, il avait voulu fumer une dernière Pall Mall. Mais la loi antitabac de l'Utah interdisait de fumer dans les bâtiments publics, y compris les prisons.

Le directeur s'était toutefois rendu à la raison et lui avait finalement permis de tirer quelques bouffées dans la cour, sur le chemin qui menait de sa cellule à la salle d'exécution – au moment où *"dead man walking"* avait déjà été annoncé. Nous avons bu un coup à la santé du directeur, et Lola a raconté l'histoire du double meurtrier Bill Bailey, qui avait été exécuté à Delaware où les injections étaient alors d'usage. Or Bailey avait commis les crimes qu'on lui reprochait en 1979, à une époque où l'on pouvait encore choisir entre la corde et le poison, et il s'était donc mis en tête d'agacer l'administration en exigeant la corde, mais il n'était alors même plus possible de trouver de potence. La nuit précédant l'exécution, il avait donc fallu construire une potence exprès pour lui et, pour le pendre, les bourreaux avaient d'abord dû chercher dans le manuel de l'US Army pour savoir comment s'y prendre.

"Voyez-vous, l'armée s'y connaît dans ce domaine", a dit Wenzel et il a raconté l'histoire d'un type qui devait être fusillé. Le tribunal avait cherché par petites annonces des tireurs d'élite confirmés. Des centaines de volontaires s'étaient présentés, ravis de faire un boulot pareil – on en avait choisi cinq, chacun avait reçu trois cents dollars, un fusil de chasse calibre trente, et pour que tous puissent avoir l'illusion de ne pas avoir tué le condamné, l'un d'eux avait une cartouche à blanc. "Cette histoire de cartouche à blanc les a tous écœurés, a dit Wenzel, ils auraient tellement voulu en tuer un pour de vrai."

Le tonnerre a grondé et, dehors, l'orage a enfin éclaté, déversant une pluie battante. Lou Reed chantait : *"Take a walk on the wild side"* et nous regardions le fond de nos verres.

“Pourquoi est-ce qu’on n’arrête pas de parler de mort, aujourd’hui ? a demandé Jupp, et Lola a répondu :

— Parce qu’elle est toujours assise à notre table.”

La télé marchait sans le son, Schmitt zappait – partout, des gens dynamiques qui connaissaient le chemin à suivre. *Fin du monde* m’est venu à l’esprit, le poème de Jakob Van Hoddis, cet écrivain qui a passé presque quarante années de sa vie dans des institutions psychiatriques, qui levait son chapeau pour saluer aimablement les fourmis, les oiseaux, les escargots et surtout les chats, et qu’ils ont éliminé dans un camp de concentration où on l’avait classé comme dément constituant un danger public. Fin du monde – “Des têtes pointues des citoyens décollent les chapeaux, dans toutes les strates résonnent comme des cris. Des couvreurs tombant des toits se fendent en deux, et sur les côtes – lit-on –, la marée monte.” Je craignais de tomber et de me fendre en deux. La marée montait déjà.

Je me suis commandé une autre bière et un schnaps, et je me suis dit que nous n’étions qu’une bande de desperados. Nous attendions que quelque chose change, mais je crois que le changement s’était déjà approché de nous sans bruit et que nous n’en avions tout simplement pas eu conscience, alors il était allé voir ailleurs. Pour Boris Becker, tout devait changer à présent, du moins, c’est ce qu’il avait décidé, je lui enviais cette décision et j’aurais donné beaucoup pour savoir ce que lui, Boris Becker, pouvait bien être en train de faire à l’instant, s’il était facile de passer d’une vie à une autre, et s’il se disait parfois lui aussi que celui qui vit plusieurs vies doit également mourir de plusieurs morts.

UNE CHAÎNE DE RADIO-TÉLÉVISION LOCALE FÊTE SON ANNIVERSAIRE

Le jour où la chaîne de radio-télévision locale célébra son cinquantième anniversaire, il faisait très chaud – trente-trois degrés. Le critique littéraire en retraite anticipée, le poète et l'ex-journaliste transpiraient déjà à grosses gouttes dans le minibus qui était venu les prendre à 9 h 30 devant l'hôtel pour les conduire aux studios de la chaîne. Avec sa nouvelle compagne, l'ex-critique littéraire Ernst Gauselmann, qui portait le titre de docteur, avait fait le voyage tout spécialement depuis l'Irlande, où il vivait depuis quelques années avec la ferme intention de boire du whisky jusqu'à ce que mort s'ensuive. Il ne s'était déplacé qu'à contrecœur, ayant en effet prévu de fêter le *Bloomsday* à Dublin, mais, fatalement, il fallait que le *Bloomsday* tombe le jour des cinquante ans de la chaîne, et comme Gauselmann avait travaillé plus de trente ans pour celle-ci, on l'avait invité. On avait *dû* l'inviter, ainsi qu'en avait jugé le directeur des programmes après avoir en interne longuement pesé le pour et le contre. Mais Gauselmann ne savait rien de tout cela, et malgré le *Bloomsday*, malgré la chaleur et le long voyage, il se sentait honoré, prenant même plaisir à montrer à sa jeune compagne les lieux où pendant si longtemps il avait parmi les incultes œuvré sans succès pour la littérature, où il avait mené tant de batailles et récolté tant d'ulcères.

Le poète Albrecht Donner, quant à lui, livrait à la chaîne de radio-télévision de subtils documentaires, comme par exemple celui sur la vie de Karoline von Günderode ou comme *Les Paysages d'automne allemands dans la poésie allemande*, car sa propre poésie ne le faisait pas vivre. En ce moment, il travaillait sans enthousiasme à un documentaire sur les vins allemands, et on l'avait sommé d'interrompre son tournage sur les bords de la Moselle pour se rendre à la fête. De son côté, l'ex-journaliste Klara Zander, qui n'écrivait maintenant plus que des livres sur les animaux, avait autrefois présenté le programme jeunesse de la chaîne, réalisé des interviews et tourné de petits documentaires pour le magazine culturel mensuel d'Ernst Gauselmann. Quand l'invitation lui était parvenue, elle avait sauté dans l'avion pour assister aux festivités, fuyant ainsi un troisième mariage qui se cassait la figure, la mort de son chien et l'arrivée imminente de sa mère. Elle éprouvait pour la chaîne de radio-télévision une sorte d'amour haineux qui, si la situation avait été autre que ce qu'elle était, n'aurait toutefois jamais suffi à l'attirer à cette fête d'anniversaire.

Dans la chaleur étouffante du minibus, ils traversaient la ville pittoresque en direction de la chaîne de radio-télévision. Les voitures étaient déjà garées en rangs serrés deux kilomètres avant l'entrée. A proximité de la chaîne, les rues étaient barrées, et des policiers portant des brassards rouges faisaient aux automobilistes des signes énergiques pour les faire circuler, ne laissant passer que les minibus dotés de l'insigne de la chaîne. Ils purent donc entrer, dépassèrent la tente des VIP, les baraques à frites et les stands d'informations, et virent, perchés sur des échasses de trois mètres, King Kong, Charlie Chaplin et un dinosaure.

"Ils viennent d'Europapark, leur expliqua le chauffeur, c'est le parc d'attractions qui sponsorise la fête, la chaîne pourrait pas se payer un truc pareil."

Devant les bâtiments de la chaîne de radio-télévision, des drapeaux battaient au vent : "Toujours plus près de chez vous !" pouvait-on y lire. Les trois invités frémirent d'horreur. La journaliste culturelle, Mme Schreiber-kern – qui portait elle aussi le titre de docteur –, les accueillit à l'entrée, très excitée dans sa tenue de cérémonie noire. Elle épingla à la veste de chacun un badge portant en petits caractères leur nom et, en gros caractères, le nom de la chaîne. "Zander" s'était transformé en "Sander", tandis que le poète Donner avait été élevé au rang de "Dr Donner".

"Ça commence bien, grommela le Dr Gauselmann et il présenta sa jeune compagne : Voici Jessica.

— Il nous faut encore un laissez-passer pour Jessica, fit remarquer la journaliste culturelle, dépitée, mon Dieu, où est-ce que je vais pouvoir en trouver un."

Et elle disparut dans un long couloir avec Jessica, après avoir lancé aux trois autres pour les consoler :

"Allez déjà au studio 3, dans le coin culture. J'arrive tout de suite. J'ai cinq bouteilles de chardonnay dans un sac isotherme, on les boira après !

— Quand, après ?" grogna Albrecht Donner en jetant un coup d'œil bilieux sur King Kong, Charlie Chaplin et le dinosaure.

La journaliste culturelle qui s'éloignait surprit encore son regard et lança sur un ton suppliant :

"L'essentiel, c'est que la culture soit représentée !"

La culture était en tout et pour tout représentée par le Dr Gauselmann, Albrecht Donner et Klara Zander, qui comptabilisaient à eux trois douze ouvrages publiés et cinq divorces. Ils se connaissaient très bien, ils avaient chacun déjà eu plus ou moins une aventure avec l'un ou l'autre, ils étaient restés amis ; et s'il leur arrivait souvent de ne pas se voir pendant plusieurs années, ils n'en étaient pas moins proches. Ils avaient vécu ensemble les succès et les échecs, les divorces, la confirmation des enfants et le déclin de la chaîne de radio-télévision. Albrecht Donner était le seul à travailler encore pour la chaîne et à donc savoir ce qui se tramait derrière les murs de l'"institution", ainsi qu'ils l'appelaient. Il parlait à présent de Hanno Seebacher, un ami commun qui, pénalisé par sa lenteur, avait dû quitter les programmes d'actualité pour rejoindre le service des éloges funèbres. Maintenant, il était chargé de mettre quotidiennement à jour les éloges funèbres des célébrités qui avaient déjà un pied dans la tombe. Si Madonna ou Steffi Graf venaient à mourir subitement, il se retrouvait dans une situation délicate ; en revanche, les éloges funèbres du pape ou de Fidel Castro, ou même ceux de Helmut Kohl, d'Inge Meysel et de Günter Grass, étaient eux fin prêts, et, en cas de décès, il n'avait plus qu'à y inscrire la date correspondante. L'embêtant, c'était lorsque quelque chose d'exceptionnel arrivait à une célébrité très âgée – la mort dans un attentat, le prix Nobel ou un terrible accident –, Seebacher devait alors tout réécrire et chercher d'autres images dans les archives. Mais, à part ça, “il est à la pointe de l'info, conclut Albrecht Donner. Je lui ai proposé d'écrire moi-même mon éloge funèbre.

— Merveilleux, dit Gauselmann, je ferais bien la même chose, et Donner rétorqua :

— Mais qui pourrait vouloir commander un éloge funèbre pour toi ?”

Klara Zander se souvenait d'une émission présentée en direct par Gauselmann, qui avait été si catastrophique qu'on l'avait coupée en plein milieu et remplacée par un autre sujet sous couvert d'un problème de son. C'était il y a bien des années, mais elle sentait le fou rire la gagner chaque fois qu'elle pensait aux quatre écrivains invités à débattre de *Sexualité et littérature* et à Gauselmann qui, déstabilisé, nerveux, peu préparé à ce qui se déroulait sous ses yeux dans le studio, s'était fait tout petit sur sa chaise, l'air de plus en plus pâle et désespéré. Une femme et trois hommes étaient présents. La femme, une Autrichienne qui vivait depuis des années en Italie, refusa soudain de parler allemand – Gauselmann cependant ne parlait pas italien. Le critique d'une importante revue littéraire semblait pour sa part sous l'emprise de quelque drogue, il bredouillait à voix basse, la main devant la bouche et se répandait en messes basses sans queue ni tête, truffées de mots étrangers censés en imposer mais que personne n'avait jamais entendus. L'écrivain suisse, un homosexuel qui ne s'en était jamais caché, s'emporta quant à lui sur le manque d'espace que la littérature germanophone offrait à l'homosexualité, dans un dialecte alémanique d'autant plus difficile à comprendre qu'il souffrait d'un bégaiement pétaradant, si bien que l'écouter devenait finalement une véritable torture. De son côté, l'écrivain allemand au front haut et à la carrure imposante, qui vivait maintenant en Provence, rejeta la tête en arrière, les yeux clos, et répondit à chaque question de Gauselmann par "Je ne souhaite pas m'exprimer sur ce sujet !" ou "Je ne peux répondre à cette question !", ou encore "C'est un sujet qui ne m'intéresse pas". Après plusieurs tentatives pour amorcer une discussion, Gauselmann jeta un regard désespéré au caméraman, et la régie, se rendant à la raison, envoya le message annonçant un "incident technique" puis diffusa une vieille interview de Peter Ustinov. Gauselmann en avait été malade pendant des jours, l'émission ratée était devenue le principal sujet de conversation de la chaîne et faisait déjà le tour des collègues, qui se la racontaient comme une bonne blague.

Tandis qu'Albrecht Donner continuait d'évoquer l'existence désolante que menait Hanno Seebacher au service des éloges funèbres, les trois responsables de la culture traversaient les longs couloirs des studios de télé où, bien que le public ait encore à patienter une demi-heure devant les portes, une intense activité régnait déjà. Les journalistes, les maquilleuses, les assistants caméra se hâtaient en tous sens, cherchaient leurs collègues, leurs trousses à maquillage ou leurs fiches, lançant des "Bonjour", "On n'est pas au bout de nos peines" ou "Je suis déjà complètement vidé". Dans les locaux de la chaîne de radio-télévision, tous les studios avaient été décorés et agencés pour la fête. Le studio n° 1 accueillait déjà une installation baptisée *gagtory*. Des membres plus ou moins jeunes du programme jeunesse fabriquaient là des gags acoustiques. C'est pour ce programme justement qu'avait travaillé Klara Zander des années auparavant, à une époque où elle-même était encore jeune et où l'émission n'était pas encore devenue un bouillon instantané, prêt en une minute trente. Un type en short et rangers, qui arborait la coupe champignon alors en vogue, la reconnut et lança :

"Eh ! Si ça te botte après, tu te ramènes, ce serait cool, on va blablater un peu, poser des questions nases et faire quelques *jokes*."

Le poète Donner, qui avait déjà profité du petit-déjeuner de l'hôtel pour boire deux armagnacs, le regarda, les yeux injectés de sang, s'approcha de lui et dit :

"Jeune homme, voulez-vous bien répéter immédiatement cette phrase dans un allemand correct !"

Ravi de cette leçon, le Dr Gauselmann en chevrotait de joie, montrant du doigt le jeune spécialiste ès gags qui se frappa le front de la main puis disparut dans sa *gagtory*.

La journaliste culturelle réapparut alors avec Jessica qui, munie à présent d'un laissez-passer à son nom, embrassa son critique littéraire en piaillant :

"Ernst, rends-toi compte, j'ai déjà vu Ulrich Wickert et le pasteur Fliege ! Je trouve tout cela tellement excitant !

— Le pasteur Wickert et le pasteur Fliege, s'emporta Gauselmann, ce fléau de l'humanité, ces parangons de vertu qui se sont eux-mêmes couronnés !"

Et, citant Talleyrand, il dit à Jessica :

“Si le crime me fait peur, la vertu me fait horreur.”

Jessica passa une main dans les cheveux gris et clairsemés de Gauselmann, qui recula d'un air rebuté. “Ne sois pas toujours aussi sévère, châton, dit-elle. Le pasteur Fliege est tellement mignon.” Et, avec ravissement, elle suivit du regard Tony Marshall qui, vêtu d'un costume de satin lilas, traversa le couloir avec son imposante cour en agitant joyeusement la main, puis disparut dans le studio d'ambiance en lançant un entraînant : “Vous êtes tous là ?!”

“Job, grogna Gauselmann, je me sens comme Job, accablé de maux. Ce n'est ni la misère, ni la lèpre, mais la banalité qui nous tuera, c'est sous les maux de la banalité que nous serons ensevelis.”

Klara Zander conseilla à la journaliste culturelle d'ouvrir sans tarder la première bouteille de chardonnay.

“Oui, oui, fit Mme le Dr Schreiber-Kern, mais allons d'abord dans le coin culture.”

Ils passèrent devant de gigantesques buissons de roseaux, plantés dans douze seaux entre lesquels siégeait un ex-journaliste politique qu'on avait débarqué depuis des années, parce qu'il posait dans chacune des émissions qu'il animait la question : “Mais que penserait, chers téléspectateurs et téléspectatrices, que penserait Jésus de cela ?” Tant de bondieuseries n'étaient pas pour plaire à la chaîne et, d'ailleurs, le journaliste avait tout simplement été trop ambitieux – “il voudrait bien être cloué lui aussi sur la croix”, plaisantait même sa secrétaire –, et c'est ainsi qu'il avait un jour perdu le droit d'animer des émissions et s'était tout entier consacré aux bienfaits du roseau pour l'humanité – roseaux en salade, en revêtement de sol, en matière combustible, en perruques, en tabac, pour ne citer que quelques exemples. On le laissait faire : il avait la permission de tourner pour le magazine de Greenpeace des reportages sur le roseau dont la diffusion était chaque fois, pour des raisons liées à l'actualité, annulée à la dernière minute. Klara Zander se souvenait de l'avoir un jour interviewé pour un magazine féminin, après quoi il avait lu l'article et mis son veto à la parution, car il n'y était pas présenté de manière assez positive. Aujourd'hui, se dit-elle, il ne pourrait plus se permettre ce genre de choses. Elle se rappelait aussi l'annonce alors enregistrée sur son répondeur, dans laquelle un enfant disait d'une voix d'ange naïve : “Papa, maman et moi, on passe un peu de temps rien qu'entre nous. Alors on ne veut pas être dérangés. Il faut que tu rappelles plus tard.” En entendant cela, Klara avait pensé aux étiquettes apposées près des sonnettes, sur lesquelles figure aussi le prénom du bébé dès sa naissance – Karlheinz, Angelika et Kevin Neureuther, sonnez deux fois. On pouvait presque parier que ces couples ne tiendraient même pas jusqu'au premier jour d'école de Kevin.

Juste derrière le coin roseaux, on était en train d'installer la boîte à blagues. Ici, chacun pouvait raconter des blagues puis appuyer sur un bouton, et les rires enregistrés cliquetaient. Un technicien testait l'installation, jurant et suant à grosses gouttes : “Un deux, un deux, essai, un deux”, dit-il dans le micro et il appuya sur le bouton – rires tonitruants. Quelques collègues restèrent cloués sur place, épatés, et Gauselmann s'écria :

“Moi aussi, moi aussi !”

Il grimpa dans la boîte à blagues, se racla la gorge, tapota le micro et se lança :

“Mais qui êtes-vous donc ? ai-je demandé à l'homme barbu qui ne me saluait jamais le matin. Vous ne me connaissez pas ? a-t-il répondu. Mais voyons, je suis l'homme barbu qui ne vous salue jamais le matin.”

Le poète Donner se mit à rire, et Klara Zander sourit, parce qu'elle reconnaissait dans cette blague étrange son vieux collègue extravagant, Ernst Gauselmann, dans le bureau duquel, à l'heure où l'institution était déjà vide et sombre, elle avait si souvent parlé jusqu'au petit matin de la littérature, de l'amour et de la vie. Les gens qui l'entouraient observèrent Gauselmann d'un air perplexe, le silence régnait, et seule Jessica lança :

“Oui, et après ?”

Le technicien s'écria :

“L'bouton ! Quand la blague est finie, faut appuyer sur l'bouton !”

Gauselmann chercha, trouva et pressa le bouton : les rires libérateurs enregistrés sur la bande-son retentirent enfin.

Sur le côté, dans un petit renfoncement surmonté de la pancarte : “Comment tout a commencé”, siégeaient Renate Seibel, la première speakerine de la chaîne, Waltraud Grunert de la radio des femmes, la plus vieille journaliste encore en vie, et Heinz Cohn, autrefois journaliste de la radio des jeunes, aujourd'hui âgé de presque quatre-vingts ans et retraité depuis longtemps. On les maquillait pour le débat “Comment tout a commencé” qui devait se tenir à cet endroit à 11 h 30.

“Et voilà le tombeau ! marmonna Albrecht Donner d'un air sombre, c'est là que nous atterrirons aussi un jour !”

Klara salua avec précaution Waltraud Grunert qui, par chance, ne la reconnut pas. A l'époque, Waltraud Grunert faisait écrire à chaque stagiaire qui arrivait une seule et unique phrase dont elle comptait ensuite les fautes. La phrase était la suivante :

“Das Fürstentum Liechtenstein liefert an Libyen Schlämmkreide, numeriert und in Stanniol verpackt”, et une fois de plus Klara ne savait pas s'il fallait mettre un *n* ou deux à *Stanniol*, mais au moins elle ne s'était pas trompée comme tout le monde à *Schlämmkreide* ou à *Libyen* que Waltraud Grunert, arrondissant les lèvres, prononçait vraiment *“Lubyen”* en dictant, et manque de chance, il fallait l'écrire avec un *i*.

A son âge avancé, retraitée depuis longtemps, Waltraud Grunert donnait pourtant l'impression qu'elle n'hésiterait pas à dicter cette phrase au public qui envahirait la salle à 11 h 30, pour s'écrier ensuite d'un ton tranchant, comme autrefois :

“Comment, vous avez écrit indûment sans accent circonflexe ? Et ça veut entrer dans la chaîne ?”

Aujourd'hui elle ajouterait sans doute d'un ton moqueur :

“Cela a beau être malheureusement toléré depuis la réforme de l'orthographe, cela n'en est pas moins faux.”

Waltraud Grunert n'avait jamais eu beaucoup d'estime pour les réformes.

L'ex-journaliste de la radio des jeunes restait assis sans bouger et regardait le sol d'un air sombre. Il était juif et, à l'époque, il n'avait survécu que de justesse aux camps, or Waltraud Grunert ne s'était jamais cachée de son glorieux passé de jeune fille dans les jeunesses hitlériennes. "Vieille nazie", disait-il toujours d'elle d'un ton méprisant en l'évitant soigneusement. Et voilà qu'aujourd'hui, pour l'anniversaire de la chaîne, il s'était finalement fait coincer et se retrouvait avec elle sous le panneau "Comment tout a commencé". On avait beau fêter l'anniversaire d'une institution pour laquelle ils avaient tous deux travaillé, il n'y avait rien dont ils eussent pu parler ensemble. Heinz Cohn semblait se demander s'il devait raconter que le mari de Waltraud Grunert, qui avait également été journaliste pour une radio jeunesse, mais avant lui et pour une autre radio, commençait toujours ses émissions par "Heil Hitler, mes chers enfants !".

On maquillait en ce moment même l'ex et toute première speakerine de la chaîne, ce qui n'était pas facile, car depuis qu'elle n'apparaissait plus à l'écran elle buvait beaucoup de ce bon vin produit dans la région et devait s'accommoder du visage bouffi, des veines éclatées et des yeux gonflés qui allaient avec.

"Ah, mes enfants, pensez qu'on me maquille encore une fois ! s'exclama-t-elle, et la maquilleuse soupira :

— Reste tranquille, Renate, sinon je n'y arriverai jamais."

Car Renate Seibel ne devait pas seulement prendre part au débat sur le thème "Comment tout a commencé", mais également lire une seconde fois les nouvelles originales de l'époque, devant la caméra.

Le coin culture avait été installé dans le studio 3. Sur une estrade de bois tendue de lin noir se trouvaient trois fauteuils de cuir noir, devant eux, trois petites tables noires avec trois micros, trois verres et trois bouteilles d'eau minérale. C'est là que le Dr Gauselmann, Albrecht Donner et Klara Zander devaient se tenir à 12 h 30 pour, micro en main, parler de livres, de lecture, et faire participer le public autant que faire se peut. Dans le même studio, on avait installé un salon dans le style des années 1950, une publicité pour une série sur ces années devait y être diffusée, tandis qu'à côté se déroulait "l'opération sous endoscopie" – la rédaction scientifique faisait là une démonstration d'une opération du crâne menée par ordinateur, à laquelle tout le monde pouvait participer, et un peu plus loin, installé sur un camion, un groupe irlandais raclait du violon à grand renfort d'ampli.

"Ce n'est pas encore à nous, dit la journaliste culturelle d'un ton rassurant, vous pouvez encore faire un petit tour."

Entre-temps, on avait laissé entrer le public et les gens se déversaient à flots dans les couloirs, en shorts et galoches confortables, chacun équipé de sacs en plastique destinés à récolter des autocollants, des brochures, des autographes et les petits cadeaux publicitaires de la chaîne qui était "toujours plus près de chez eux". Dans le studio 1, on préparait les informations. "Tout le monde peut faire de l'info ! Venez et faites votre propre journal télévisé, notre présentatrice vous y aidera !" criait un stagiaire en poussant vers l'intérieur du studio un public qui – l'ex-journaliste politique, en jetant un coup d'œil déçu à l'intérieur du studio, en fut persuadé –

aurait préféré de beaucoup s'informer sur les vertus des roseaux.

La présentatrice du journal était maintenant très maquillée et ses cheveux avaient été séchés et modelés en une coque grâce à une sorte de ciment résistant à tous les temps. Sur les moniteurs qui prenaient toute la place, elle avait l'air sublime et comme sculptée dans de la pâte d'amandes. Les femmes au foyer venues du coin s'en tiraient plutôt mal avec leur nez qui virait au bleu et leur permanente ratée, mais voilà, c'est ça la télé, et la télé n'a pas d'humour, même pas le jour de son anniversaire.

On sollicita des volontaires pour lire les informations inscrites sur une feuille. Un homme d'un certain âge s'avança, montrant sous les bras de sa chemise verte à manches courtes de larges auréoles sombres. Il essuya avec un mouchoir en tissu la sueur qui perlait à son front et une maquilleuse le poudra pendant qu'un assistant lui accrochait un micro.

"D'la poudre ? Mais j'suis pas une bonne femme", dit-il et le micro transporta ses paroles dans toute la salle.

La foule applaudit, conquise.

"Comment vous appelez-vous ? demanda gentiment la présentatrice, et il répondit :

— Walter.

— Voici Walter, lança-t-elle, mesdames et messieurs, applaudissements je vous prie pour Walter."

La foule applaudit une nouvelle fois, on poussa les enfants vers l'avant, et une femme chuchota :

"Qui est-ce ?

— Un héros, répondit Albrecht Donner.

— Et à côté ? La femme ? Je la connais de la télé.

— Sigi Harreis", dit Klara Zander, bien que ce ne fût pas Sigi Harreis, mais la spectatrice parut néanmoins satisfaite.

Klara se souvenait que cette présentatrice de la télé locale avait aussi présenté les informations à la radio, et qu'à peine son micro retiré elle s'empressait toujours de se repoudrer et de vérifier son visage dans un miroir. Elle ne renonçait jamais à l'espoir d'être vue, même à la radio. C'est avec cette présentatrice justement que Donner avait eu une liaison tumultueuse qui avait ruiné son premier mariage. A présent, il la regardait sans émotion assister Walter dans son premier passage à la télé.

"Nerveux ? Il ne faut pas, Walter, rassura-t-elle.

— C'est pas Walter que j'm'appelle, dit Walter, ce qui fit l'effet d'une bombe.

— Je croyais… bégaya la présentatrice, et il déclara :

— C'est Hans-Herbert Walter que j'm'appelle. Walter à la fin.

— Bien, monsieur Walter !" reprit la présentatrice, tout sourire, en retrouvant son aisance. Le public, déjà maussade, applaudit néanmoins derechef, cette fois pour M. Walter. Puis on tendit à celui-ci une feuille de papier, et la présentatrice expliqua :

"Bon, monsieur Walter. C'est très facile. Vous lisez tout simplement ce qui est écrit sur cette feuille et, en même temps, vous ne quittez pas des yeux la caméra là-bas, là où la petite lampe rouge est allumée… le caméraman agita les bras –, et vous souriez peut-être un petit peu. Bien. Nous y sommes ?"

Le caméraman fit signe que oui, M. Walter fixa sa feuille et la présentatrice, juste après le jingle surgi de nulle part pour annoncer le journal, lança, le sourire figé :

“Madame, mademoiselle, monsieur, bonsoir, voici le journal de 20 heures.”

Sur les moniteurs géants, on pouvait voir la présentatrice et, à côté d'elle, M. Walter qui transpirait sous sa couche de poudre.

“Les informations, susurra-t-elle, vous sont ce soir présentées par M. Walter. Je vous en prie.”

M. Walter la regarda.

“Maintenant ?” demanda-t-il.

Elle hocha la tête.

“Maintenant”, dit-elle sévèrement, et il se pencha sur sa feuille.

“Washington”, commença-t-il, et le public applaudit avec enthousiasme.

Il leva la tête d'un air courroucé et regarda la présentatrice tandis que le caméraman montrait sa lumière rouge et agitait les bras. M. Walter se pencha de nouveau sur sa feuille.

“Washington, reprit-il. Le président des Etats-Unis Bill Clinton et l'ex-président de Pologne Lech Walesa ont aujourd'hui…

— Waouensa, monsieur Walter, on prononce Waouensa, interrompit la présentatrice en riant gaiement. Vous voyez, ce n'est pas si facile de présenter le journal !”

La foule beugla. Donner demanda :

“Quand cette journée se terminera-t-elle enfin ?” et il quitta le studio, accompagné de Klara.

Ils retrouvèrent Gauselmann et Jessica dans le couloir, devant le “stand culinaire” : les gens se pressaient autour d'une gazinière surélevée sur laquelle crépitait une poêle. Un très gros journaliste et une femme pas tout à fait aussi grosse, tous deux vêtus de tabliers blancs à ruchés, faisaient rissoler des beignets de courgette dans l'huile. Sur une ardoise, on avait inscrit : "Ici, on cuisine sans interruption."

"Qu'est-ce que vous faites comme plats ? demanda une spectatrice, et la cuisinière déjà âgée répondit :

— Des courgettes, aujourd'hui, juste des courgettes, mais en beignets."

Le journaliste tendit aux spectateurs une assiette en carton avec des beignets de courgette et s'écria :

"C'est-y pas bon, ça ?"

C'est ainsi que s'appelait l'émission de cuisine qu'il présentait une fois par mois avec la cuisinière, avant le journal : *C'est-y pas bon, ça ?* Jessica sauta sur l'occasion, souffla sur la courgette, goûta et leva les yeux au ciel de plaisir. Gauselmann lui marmonna à l'oreille :

"M. le Dr Ferber, un républicain. Un sacré trou du cul de réactionnaire. Sans parler de la vieille bique.

— Les courgettes sont pourtant délicieuses", soutint Jessica en voulant lui faire goûter, mais Gauselmann détourna la tête et préféra prendre une gorgée du whisky dont il avait rempli la flasque d'argent – gravée à son nom – que la chaîne lui avait offerte pour sa retraite anticipée.

"Donner, vieille branche !" s'écria un caméraman grisonnant. Il tendit cordialement la main à Albrecht Donner et, embarrassé, salua également Klara, qui, des années auparavant, avait tourné avec lui un documentaire sur les hauts lieux de la littérature. A l'époque, ils s'étaient rendus ensemble à Travemünde sur les traces de Thomas Mann, le caméraman avait poursuivi de ses assiduités Klara qui n'avait rien voulu savoir, et il s'était alors tellement soûlé que tout ce qu'il avait tourné était flou, tremblé et inutilisable. Après cela, il était retourné jusqu'à Travemünde par ses propres moyens et avait tout refilmé, ce dont elle lui avait su gré. Comment s'appelait-il déjà ? Depuis peu, elle oubliait tous les noms. Donner la tira d'affaire.

"Richard, dit-il, mince, pourquoi est-ce que je ne t'ai pas avec moi pour les vins de Moselle ? J'ai dans mon équipe un petit gars qui n'a vraiment pas le coup d'œil pour ce qui est singulier et qui n'a pas la moindre idée du vin, et tous les soirs, après le tournage, je me retrouve tout seul dans les bars de Traben-Trarbach ou de Trèves.

— Moi, on ne me laisse plus aller sur le terrain, dit Richard, plus que du studio. Il n'y a que les jeunes qui fassent du terrain. C'est comme ça. Rien n'est plus comme avant."

Il renifla et jeta un bref coup d'œil aux deux cuisiniers :

"Encore ces crétins."

Il entraîna Donner un peu plus loin et lui tapa sur l'épaule.

"Tu te rappelles, Günderode ? demanda-t-il. Quand on a mis des toiles d'araignées sur sa tombe, des toiles qu'on avait piquées ailleurs ? Ce que je serais content de pouvoir encore filmer des toiles d'araignées."

Klara songea alors au courage de Günderode qui, à moins de trente ans, s'était enfoncé un poignard dans le cœur, et elle se demanda si chez elle, Klara Zander, les cartons de livres et de vêtements attendaient déjà devant la porte de la maison.

En criant “Attention ! Attention, s’il vous plaît !”, on poussa à travers le couloir une petite voiture rouge qu’on installa au milieu des roseaux. Le journaliste politique mis au placard tournait nerveusement autour en clamant :

“Attention, voici la rapidomobile, elle roule au roseau !” et trois jeunes, casque sur les oreilles et pop-corn en main, s’arrêtèrent pour regarder.

Le journaliste leur expliqua les multiples utilisations du roseau dans un monde tel que le nôtre, mais ils n’ôtèrent pas leur casque, préférant écouter leur techno. Plus tard, lorsqu’on parla dans le coin culture de livres et de lecture, ils faisaient tous trois partie du public, portaient toujours leur casque sur les oreilles et se balançaient en rythme, les yeux écarquillés, le regard rivé sur les trois étranges personnages qui, assis devant des bouteilles d’eau minérale dans des fauteuils de cuir noir, manipulaient des livres – Gauselmann, Donner et Zander.

Klara croisa ensuite une vieille connaissance qui lui assura qu’elle était superbe et qu’il était merveilleux qu’elle aussi se soit déplacée pour l’anniversaire de la chaîne. Et comment donc se portait son mari ? Klara ne savait pas lequel de ses époux était concerné par la question, elle marmonna un vague “Bien, bien…” et entendit en retour la vieille connaissance – une fois de plus, elle ne pouvait se souvenir de son nom – lui raconter son divorce : mais maintenant elle était très heureuse avec un journaliste du jeu télévisé, et ils ne vivaient pas ensemble, car, à son humble avis, c’est bien là qu’était le secret. Elle portait un tailleur jaune, des talons jaunes et même du fard à paupières jaune.

“Il faut que je fasse un petit compte rendu de la fête toutes les heures. Mais seulement pour le studio 3. Je passerai aussi au coin culture, déclara-t-elle.

— A plus tard alors !” conclut Klara, et elle s’engouffra dans un petit studio d’où sortait une forte voix d’homme.

C’était le studio Astra, dans lequel on expliquait comment fonctionne le satellite. La pièce représentait un ciel étoilé, sombre et orné de quelques points lumineux déconcertants : les satellites. Debout sur une estrade, un homme corpulent, vêtu d’un costume noir, tenait à la main un micro, superflu dans cette petite pièce, et grondait :

“Avec le satellite analogique Astra, nous vous procurons aujourd’hui l’assurance d’un service numérique de haute technologie.”

Devant lui, le public était en tout et pour tout constitué de deux enfants, âgés de dix, douze ans peut-être, qui se tenaient timidement par la main et le regardaient. Ses phrases paraissaient grotesques devant un tel public, les mots procurons et analogique avaient quelque chose d’obscène, et c’est d’ailleurs l’air terrifié que les enfants l’écoutaient, comme cloués sur place. Apparemment, ils avaient peur qu’au moindre mouvement des éclairs jaillis des satellites, du micro ou de la bouche de cet homme ne s’abattent sur eux.

“Il y a des beignets de courgette à côté”, chuchota Klara à leur oreille et elle quitta au plus vite le fantomatique studio Astra.

Dans le couloir, elle croisa Manfred Weber, son nom lui revint immédiatement en mémoire. Il était journaliste à l’époque où elle présentait une émission matinale, et un jour, entre deux reportages, pendant qu'on diffusait de la musique, elle avait fondu en larmes juste au moment où il entrait par hasard dans le studio avec une dépêche.

"Que se passe-t-il ? avait-il demandé, paniqué, et, après s'être mouchée, elle avait répondu à travers ses larmes :

— Mon chien est mort.

— Et c'est pour ça que tu chiales ? avait-il dit en fronçant les sourcils, juste à cause d'un pauvre clebs ? Ne t'avise pas de bousiller l'émission."

Elle s'était alors levée en plein milieu du direct pour rentrer chez elle, et il avait dû présenter la fin de l'émission dans la panique et l'affolement. Il y avait eu une réunion de la rédaction au sujet de cet incident. Klara avait été pour ainsi dire rappelée à l'ordre et, après cela, elle n'avait plus jamais voulu adresser la parole à Manfred Weber, ni même travailler avec lui.

"Klara ! s'exclama-t-il. Ça fait des années que je ne t'ai pas vue !"

Elle savoura l'instant où elle le dépassa sans même lui accorder un regard. Elle constatait avec satisfaction qu'il vieillissait dans cette chaîne d'envergure locale, lui qui avait toujours eu l'ambition de devenir porte-parole à Bonn. Il croyait qu'il suffisait de savoir imiter le socio-démocrate Herbert Wehner, le chancelier Willy Brandt ou Franz Josef Strauss, le ministre des Affaires étrangères. "Mais voilà, cela ne suffit pas, pensa Klara férocement. Toi, tu n'arriveras jamais à rien. Question intelligence, tu n'arriverais même pas à la cheville de mon chien."

Manfred Weber la suivit du regard et ressentit une sorte d'admiration envers elle, qui avait su garder sa haine intacte pendant plus de dix ans. Il n'avait jamais été aussi conséquent, il l'aurait volontiers été.

Entre-temps dans le coin culture, on avait déjà ouvert la deuxième bouteille de chardonnay et le critique littéraire parlait de l'Irlande où, d'après lui, les gens étaient bien plus naturels qu'ici, ce à quoi le poète rétorqua :

"Voyons, mon ami ! On ne peut pas en être si sûr !

— Tu es déjà allé en Irlande ? demanda le critique littéraire, et le poète fit signe que non :

— Je n'ai même pas besoin d'y aller ! Je peux tout à fait m'imaginer ! Il suffit de lire les cinquante dernières pages d'*Ulysse*, les cinquante dernières pages ! Et on sait déjà tout."

La journaliste culturelle, déjà un peu amochée par l'alcool et la chaleur, chuchota :

"Et si vous commenciez enfin ?

— Commencer quoi ? demanda le poète, et elle répondit :

— Le débat."

Il y avait des spectateurs dans la salle, mais tous sans exception regardaient l'opération à crâne ouvert sous endoscopie. Il s'agissait à présent d'attirer ces spectateurs du côté "littérature".

"Commence, toi, dit le critique littéraire à Klara Zander, ils te connaissent peut-être encore d'avant."

Klara se redressa dans son fauteuil, saisit le micro et lança vaillamment :

"Y a-t-il encore ici des gens qui lisent ?

— Mon Dieu", soupira Albrecht Donner en se tassant dans son fauteuil.

Quelques spectateurs se détournèrent de l'opération et jetèrent un œil sur le coin culture, une femme siffla : "Chut !", et seul un couple de retraités qui entrait justement dans la salle s'arrêta, intéressé.

“Vous lisez certainement !” lança Gauselmann en montrant joyeusement le couple du doigt.

Les deux retraités regardèrent tout autour et, comprenant qu’il s’agissait bien d’eux, s’approchèrent un peu plus.

“Vous lisez ? leur demanda Gauselmann en utilisant son micro, alors qu’ils se tenaient tout près de lui maintenant.

— Il a la cataracte, répondit la femme, mais je lui lis le journal.

— Tout cela n’a aucun sens ! déclara Donner, hors de lui, et il vida son verre de chardonnay d’un trait.

— Mais si, ça a du sens, dit la vieille femme, vexée, et il répondit :

— Mais je ne parlais pas de vous, chère madame !”

Embarrassés, les deux retraités regardèrent une nouvelle fois autour d’eux pour voir de qui d’autre il pouvait bien s’agir, mais derrière eux il n’y avait que la journaliste culturelle qui agita alors les bras en criant :

“Continuez ! Continuez ! Le débat viendra de lui-même !”

L’opération sous endoscopie était terminée, des applaudissements retentirent dans le coin concerné, et la foule se tourna vers le coin culture, pour la bonne raison que la sortie se trouvait juste à côté. Au signal du journaliste musical, le groupe irlandais sur le camion se mit alors à torturer ses violons, et la journaliste culturelle se précipita vers eux en criant :

“Pas maintenant ! Pas maintenant ! D’abord le débat !”

Mais ils continuèrent de jouer et elle revint sur ses pas, irritée :

“Voilà, maintenant, ils recommencent leur bazar.

— Ce n'est pas du bazar, l'informa le critique littéraire, c'est du folklore irlandais."

Et le poète, brandissant la bouteille de chardonnay vide, demanda :

"On en a encore ?"

La journaliste culturelle disparut derrière le rideau où elle avait déposé son sac isotherme. Elle revint avec une bouteille délicieusement embuée et le tire-bouchon, mais rappela :

"Quand même, il est à peine onze heures et demie…

— Juste le bon moment", dit le poète en débouchant la bouteille avec un plop.

Jessica accourut vers le Dr Gauselmann et lui montra un autographe de Tony Marshall. Gauselmann se cacha les yeux des deux mains et Donner lança méchamment :

"Enfin Ernst ! C'est à cela que la jeunesse s'intéresse !"

Jessica fit la moue et, pour se consoler, lança des œillades au violoniste du groupe folklorique irlandais.

En fin d'après-midi, quand, par manque d'autres animations, il finit par y avoir dans le coin culture un mini-débat sur les livres préférés du public rassemblé, les trois faiseurs de culture étaient déjà bien soûls. Entre-temps, Klara Zander avait eu son mari au téléphone et elle sentait que ce troisième mariage était perdu lui aussi. Sa mère avait pris le combiné et lancé :

"Rien d'étonnant, tu étais déjà comme ça quand tu étais petite !"

C'est à cette phrase que Klara pensait, et c'est pourquoi elle n'était pas vraiment là. Lorsque le Dr Gauselmann, qui se donnait beaucoup de mal et qui semblait apprécier le fait d'être en public, lui demanda quels avaient été ses livres préférés quand elle était enfant, elle défendit avec acharnement le Dr Doolittle qui était capable de comprendre le langage des animaux, ce dont elle, Klara Zander, était également capable. Les spectateurs l'observaient sans émotion aucune, se forgeant une idée tenace de ces fous de la télé. Albrecht Donner, qui gisait dans son fauteuil, lança :

"Cooper ! Bas-de-Cuir ! Evidemment !"

Et le critique littéraire, désignant le poète, s'exclama :

"Son fils, par exemple, s'appelle Fenimore ! Il n'est jamais trop tôt pour éveiller les enfants à la lecture !"

Une femme commença : "Quand on était petits...", et la journaliste culturelle accourut et lui colla un micro sous le nez. La femme reprit, légèrement irritée :

"Quand on était petits, y avait pas de livres du tout, c'était la guerre.

— Mais pendant la guerre aussi, nous avons lu ! s'écria le poète qui, autant que Klara Zander s'en souvienne, n'était né qu'après la guerre, puis quelqu'un lança :

— Attention, le directeur général !"

Tous se tournèrent vers la sortie, par laquelle le directeur général de la chaîne de radio-télévision, vêtu d'un costume gris clair et entouré d'une escorte d'employés zélés, faisait à présent son entrée. Il adressa un signe bienveillant à Gauselmann, Zander et Donner, assis sur leur estrade : "Continuez, continuez !", puis, sous le regard de tous ceux qui étaient dans la salle, il inspecta le groupe irlandais qui s'était entre-temps endormi sur son camion, le crâne ouvert et enfin l'appartement des années 1950. Tout à coup, une énergie nouvelle envahit le critique littéraire, qui s'était querellé pendant des décennies avec son supérieur et avait toujours tenté de lui expliquer la valeur de la littérature à la télévision.

"Ce ne sont pas les bons livres !" cria-t-il en bondissant de son siège.

Le directeur général se retourna.

"Ce bon Dr Gauselmann", dit-il en haussant les sourcils. Puis il demanda, comme on s'adresse à un enfant malade qui vient de digérer : "Ce ne sont pas les bons livres ?"

Le critique littéraire hocha la tête. Il descendit de l'estrade, les joues en feu, et s'avança en titubant légèrement vers le coin du studio qui accueillait l'appartement des années 1950. Il montra les étagères remplies de livres de poche de la collection Rororo.

"Là !" explosa-t-il, et il fendit l'air de son index.

Tous s'approchèrent et regardèrent. Seuls Albrecht Donner et Klara Zander restèrent assis, et la journaliste culturelle, passablement épuisée, se laissa tomber sur l'estrade avec un :

"Mon Dieu, si seulement il pouvait la boucler !"

"Là, reprit le critique littéraire en tremblant d'excitation, voyez vous-même. Des dos en carton. Mais dans les années 1950, les dos des livres de la collection Rororo étaient encore en tissu et pas en carton. Ceux-là ne sont pas les bons. Ils sont plus récents. Et voilà, comme d'habitude, rien n'est comme il faut, ici.

— Intéressant, fit le directeur général froidement, je n'aurais pas remarqué.

— Et comment auriez-vous pu ? cria Gauselmann. Vous ne vous êtes jamais particulièrement intéressé aux livres. C'était déjà comme ça de mon temps.

— Gauselmann, dit le directeur général en inclinant la tête de côté, ses petits yeux brillaient d'une lueur moqueuse, je vois, toujours cet esprit rebelle. Eh bien bravo. Dites-moi – hem – que faites-vous donc maintenant, on n'entend plus rien de vous.

— Je vis ! cria Gauselmann. Je vis, si vous pouvez vous imaginer ce que cela signifie, je vis en Irlande, pas loin de Horst Stern que je n'ai, grâce à vous, pas eu la permission d'inviter dans mon émission.

— Ah, tiens, fit le directeur général en s'apprêtant à quitter ce studio peu agréable, je ne me rappelle pas cependant vous avoir jamais explicitement interdit…

— Suggéré ! Vous n'avez toujours que suggéré", s'écria Gauselmann.

Peu à peu, les spectateurs qui les entouraient s'animaient et montraient de l'intérêt.

"Vous m'avez aussi suggéré de ne pas inviter Heinrich Böll !

— Autant que je me souvienne, il est pourtant venu, mon cher Gauselmann, dit le directeur général qui s'éloignait déjà sans regarder le critique littéraire.

— Dans la toute dernière émission ! Oui ! Dans la toute dernière émission !" clama Gauselmann.

Le directeur général avait quitté le studio, non sans saluer Donner et Klara d'un signe de tête auquel ils ne répondirent pas. Pour compenser, la journaliste culturelle s'était levée d'un bond lorsqu'il était passé devant elle. Gauselmann était maintenant seul dans le coin des années 1950. Le groupe irlandais se réveilla, attrapa ses instruments et recommença de plus belle.

“Si seulement je ne lui avais pas donné de vin !” se lamenta la journaliste culturelle en confisquant ce qui restait encore de chardonnay sur la table. Gauselmann revint, pas très sûr de lui, forcé pourtant de jouer encore un peu son rôle d'homme en colère. Son visage était couvert de sueur, il desserra sa cravate, déboutonna le premier bouton de sa chemise et cria à l'intention du directeur général qui avait disparu depuis longtemps avec toute sa meute :

“Minable !

— Mais enfin Ernst chéri, dit Jessica, qu'est-ce qu'il t'a fait, il était très gentil.”

De plaisir, Donner se mit à rire aux éclats, et il attrapa dans la poche de Gauselmann la flasque dont il but une longue gorgée.

“Chère Jessica, vous avez entièrement raison, dit-il en s'inclinant, gentils, c'est cela, ils sont tous terriblement gentils.

— Boucle-la, tu veux !” jeta Gauselmann à Jessica qui, vexée, se retourna et s'éloigna lentement vers le groupe irlandais pour échanger quelques regards avec le violoniste.

Donner se leva en soufflant.

“Bon, allez, ça suffit, dit-il. Moi, je vais à la cafétéria maintenant. Ceux qui veulent plus de culture savent où me trouver.”

Gauselmann se laissa tomber lourdement dans un fauteuil et chercha du regard le soutien de Klara.

“Tu te souviens ? dit-il. Tu te souviens de tout ce qu'il nous a fait ?”

Elle hocha la tête, elle s'en souvenait, et elle se rappelait aussi l'acharnement et le manque de diplomatie avec lesquels Gauselmann avait harcelé cet homme qui n'était que la marionnette du Parti apte à lui faire gravir des échelons. Avec un peu moins d'orages et de cris de guerre, on aurait pu, dans une émission diffusée à 23 heures sur la troisième chaîne, une émission que personne ne regardait, faire beaucoup plus. Mais pour Gauselmann, dès le départ, tout tournait toujours à la déclaration de guerre, une déclaration de guerre qu'il aurait en réalité dû et voulu faire chez lui, à sa femme, sa belle-mère et ses deux filles revêches, mais au lieu de cela il apportait toute sa colère à l'institution, et c'est donc là qu'explosaient les conflits, ruinant son émission et, pour finir, jusqu'à sa vie.

"Et demain, c'est moi qui vais trinquer !" gémit la journaliste culturelle en composant un numéro de téléphone sur son portable.

Elle se plaça un peu à l'écart et dit :

"Jochen ? Oui. Horrible. Absolument horrible."

Klara saisit la main de Gauselmann.

"Ernst, c'est tellement loin, tout ça. Au moins, tu lui as donné une bonne leçon.

— Hein ? Pas vrai ? dit-il, content de lui, et il se redressa. Viens, allons aussi à la cafétéria, Klara."

Sur le chemin, Gauselmann et Klara repassèrent devant le tombeau où la toute première speakerine de l'époque tentait de lire sur un prompteur les toutes premières nouvelles de l'époque. Elle bredouillait, ses cheveux étaient tout ébouriffés, et de toute façon il n'y avait personne pour l'écouter.

"Renate, on laisse tomber, maintenant", dit le caméraman avant d'éteindre sa machine.

Le moniteur sur lequel on pouvait voir Renate Seibel s'éteignit et, juste à ce moment, la femme en jaune entra avec son équipe et s'écria :

"Oh, Renate, tu as déjà fini ? Je voulais justement tourner une petite minute avec toi !

— Allez tous vous faire foutre avec votre petite minute", dit la présentatrice du journal, et elle s'effondra sur la table.

Le studio qui accueillait la *gagtory* était rempli de jeunes auditeurs écoutant d'un air perplexe Manfred Weber imitant la diction de Herbert Wehner.

"Qui est-ce ?" demanda-t-il et personne ne répondit.

"Chers camarades, si aujourd'hui M. Wohlrabe, des chré-tiens-dé-mo-crates, que je pourrais sans hésiter, sans hésiter, n'est-ce pas – il haussa le ton – qualifier de crétin démoniaque..."

Aucune réaction. Le journaliste demanda à nouveau :

"Alors ?"

Aucune réaction.

"Herbert Wehner, voyons ! s'écria-t-il et une jeune fille rétorqua :

— Connais pas."

"Tu te rappelles, demanda Klara, le jour où il a imité Willy Brandt en sa présence, et que Brandt n'a pas trouvé cela drôle du tout ?

— Prétentieux, approuva Gauselmann, sale type, j'ai jamais pu le saquer. Donner dit que, maintenant, il est obligé de faire les élections communales, c'est tout ce qu'il mérite, les communales."

A l'entrée de la cafétéria, on vérifia que Gauselmann et Klara étaient bien autorisés à y accéder. Le peuple n'avait en effet pas le droit d'entrer, contrairement aux employés de l'institution, aux artistes et aux collaborateurs.

"Et si Jessica nous cherche ? demanda Klara, et Gauselmann eut un geste de dédain.

— Elle peut toujours", dit-il.

Charlie Chaplin, King Kong et le dinosaure, l'air renfrogné, étaient assis à une table devant des cafés et des verres de schnaps, ils avaient posé leurs échasses à côté d'eux. Dans un coin, Albrecht Donner faisait du gringue à une ancienne conquête qu'il avait retrouvée par hasard. Klara et Gauselmann lui firent un signe discret, puis se cherchèrent une petite place au calme et commandèrent une bouteille de la cuvée maison.

"J'ai passé trente ans ici !" soupira le critique littéraire, profondément abattu.

Puis il regarda Klara et dit :

"Je sais que Jessica est trop jeune pour moi, mais les femmes comme toi me font peur. En tout cas, elle croit que je suis quelqu'un et ne voit pas qu'en réalité j'ai tout raté."

Klara rit, tapota la main de Gauselmann et mentit :

"Mais non, Ernst. Tu te racontes des histoires."

Elle se demanda s'il y avait quelque chose qu'elle-même n'avait pas raté, mais rien ne lui vint à l'esprit. Gauselmann leva son verre à sa santé, plein de reconnaissance.

Dans la soirée, ils rentrèrent à l'hôtel en navette, accompagnés d'une Jessica qui bâillait mais paraissait satisfaite des nombreux autographes qu'elle avait reçus de diverses célébrités, et sans Albrecht Donner, qui avait disparu avec sa conquête passée.

Ils prirent place dans les fauteuils profonds du confortable bar de l'hôtel et auraient volontiers bu une bonne bouteille de pinot gris, mais Jessica avait déjà charmé le barman pour qu'il leur serve des *Frozen Daiquiris.*

"Tu te rappelles, dit Ernst Gauselmann à Klara Zander qui retirait enfin son badge de sa veste, on est venus ici avec Böll, après la dernière émission. Il était déjà si malade."

Le serveur apporta les daïquiris et Jessica s'installa sur l'accoudoir du fauteuil de Gauselmann pour trinquer avec lui.

"Qui est malade, chaton ?" demanda-t-elle en lui ébouriffant les cheveux.

Comme toujours, il eut un mouvement de recul et dit :

"Böll. Tu connais pas."

Klara leva son verre, trinqua avec les deux autres, ferma les yeux et souhaita redevenir la petite fille en jupe plissée bleu marine et chaussettes blanches, qui avait des yeux bleus si clairs et tellement de confiance en l'avenir. Jessica, qui caressait la tête de Gauselmann, demanda :

"C'est super bon, non ?"

Klara rouvrit les yeux et regarda Gauselmann. Leurs regards se rencontrèrent et tous deux crurent y voir des larmes.

Par chance, Albrecht Donner arriva à ce moment devant l'hôtel, sans sa conquête passée. Il commanda une bière directement en entrant, s'installa lui aussi dans un fauteuil et balaya d'un geste de la main l'équivoque "Alors ?" de Klara : "Non, non. Je devais être à la recherche du temps perdu. Mais…", sa bière arriva, il but une longue gorgée, fit "Ahh !", essuya la mousse qu'il avait sur les lèvres et continua : "Mais ça n'a rien donné."

Ils burent longtemps, beaucoup et presque sans dire un mot. Jessica était déjà montée dans sa chambre, non sans avoir rappelé Ernst à l'ordre :

"Hein, chaton, tu ne tardes pas non plus ?"

"Comment vous la trouvez, sincèrement ?" demanda Gauselmann, qui était déjà soûl.

Donner lui jeta un regard furieux :

“Gauselmann, je t’en prie. Epargne-nous ce genre de questions. Qu’est-ce que tu veux entendre ?”

Gauselmann soupira :

“Mais qu’est-ce que je peux faire d’autre, tout seul ! et Klara dit :

— Je vais divorcer encore une fois.”

Donner la regarda, leva son verre de bière et trinqua avec elle.

“Mais je ne l’épouserai pas, s’écria Gauselmann, même si elle marche sur les mains !”

Au petit matin, ils prirent tous trois l’ascenseur jusqu’au troisième étage où se trouvaient leurs chambres. Donner avait passé son bras autour des épaules de Klara. Gauselmann se réjouissait de ce que Donner, grand seigneur, avait fait mettre l’addition sur le compte de la chaîne.

“Tout à fait correct ! dit-il. Quand on fête son anniversaire, on doit payer sa tournée.”

Puis il se plaignit que le barman ne les avait pas laissés chanter.

“Juste une petite aubade ! avaient-ils assuré. En l’honneur de l’institution !”

Mais le barman avait interrompu la petite aubade dès les paroles : “On l’a promis à Karl Liebknecht, on aidera Rosa Luxemburg.” A cause du bruit, avait-il dit.

Dans le couloir du troisième étage, ils s’enlacèrent longuement, s’embrassèrent sur les deux joues et Gauselmann bégaya :

“Et c’est pour cela que j’ai fait le voyage depuis l’Irlande !”

Albrecht Donner, les yeux rougis par l’alcool, regarda Klara, chancela un peu et lui chuchota à l’oreille :

“J’espère, chère Klara, que ton cœur sera bien vite occupé ailleurs.”

Il l'embrassa et tituba jusqu'à la porte de sa chambre, l'ouvrit et disparut.

“Est-ce que tu l'as aimé, à l'époque ? demanda Gauselmann, et Klara, heureuse, sourit et répondit :

— A l'époque, non.”

Le lendemain matin, ils ne se revirent pas. Gauselmann et Jessica firent la grasse matinée, l'équipe de Donner vint le chercher dès 8 h 30 pour poursuivre le tournage en Moselle, et le train de Klara partit vers 11 heures. Dans le train, elle écrivit encore un petit mot à la journaliste culturelle, pour lui dire que l'anniversaire de la chaîne avait été une très belle fête.

KARL, BOB DYLAN ET MOI

Je buvais un verre avec Karl dans ce bar mexicain qui était alors en vogue, et nous parlions du bon vieux temps et de ce que nous étions finalement devenus. “Mourir jeunes et beaux, voilà ce qu'il aurait fallu, ai-je dit à Karl, mais non, au lieu de ça, on est toujours là à picoler et, en plus, ça se voit à nos têtes, regarde-nous un peu.”

Karl m'a regardée et a dit : “Qu'est-ce que tu veux ? *Forever young* ?” et il a commandé une autre bière mexicaine. Depuis que Marlène lui avait filé entre les doigts, il n'y avait plus grand-chose à tirer de lui. Il se mettait facilement en colère, était vite irritable, souvent dépressif, puis à nouveau fougueux comme un jeune homme – ses humeurs étaient tragiquement changeantes. Pendant toutes ces années, il n'avait jamais pris soin de Marlène. Il l'avait rabrouée, enguirlandée, trompée, mais jamais il n'avait imaginé qu'elle le quitterait. Ils formaient une si bonne équipe – bon Dieu, Marlène, disait-il souvent, ne te vexe pas à la moindre connerie, c'est comme ça que je suis, nom d'un chien.

Mais un jour Marlène s'était envolée pour la Martinique où elle avait passé trois semaines avec un journaliste culturel de la radio WDR. Karl n'en revenait pas. Au début, il s'était dit que la petite Marlène voulait lui montrer ce qu'est la vengeance, qu'elle voulait lui jouer un tour, à lui, le célèbre coureur de jupons. En un geste théâtral, il avait brandi ses poings serrés dans la direction qu'il supposait être celle de la Martinique et hurlé : "Rentre à la maison !"

Mais Marlène n'était plus jamais rentrée à la maison, sauf une fois, pendant qu'il n'était pas là. Elle avait alors récupéré ses affaires puis emménagé chez le journaliste culturel.

Quand Karl avait compris que l'affaire était sérieuse, il avait appelé le journaliste chez WDR et lui avait dit : "Ecoute-moi bien, face de rat, on se retrouve dans dix minutes au *Spitz*, et tu as intérêt à y être."

Et le journaliste était venu au rendez-vous. Karl, qui l'attendait devant le café, s'était approché de lui à grands pas. Karl n'est pas grand, mais très costaud, la colère le rendait fort, et, sans crier gare, il s'est mis à pourchasser à travers les rues le journaliste qu'il bombardait de coups de poing. Dès le premier coup, il a atteint ses lunettes qui sont tombées à terre. Le journaliste s'est penché pour les ramasser, mais Karl a immédiatement piétiné les verres.

"Arrêtez ! a crié le journaliste culturel. J'ai besoin de mes lunettes, quand même !

— Pour l'instant, tu n'as besoin de rien du tout, trou du cul ! a hurlé Karl. Tout ce qu'il te faut, c'est une bonne raclée, voilà ce dont tu as besoin."

Et il l'avait poursuivi en vociférant dans l'élégante Pfeilstrasse, tandis que les vendeuses sortaient de leurs boutiques et observaient la scène avec intérêt. Elles auraient tant aimé elles aussi être un jour à l'origine d'une telle passion. Les passants, qui avaient formé un cul de sac, avaient quand même laissé passer les deux énergumènes, au moins par respect pour Karl qui ne cessait de gesticuler et de brailler.

“Espèce de branleur, criait-il, je vais réduire en miettes ton crâne d'intello ! Monsieur drague des femmes qui ne sont même pas à lui, non mais où on est là, pour qui est-ce que tu me prends, tu crois peut-être que tu peux t'amuser à ce jeu-là avec moi, hein, c'est ça que tu crois, petit cultureux pestiféré ? Eh bien tu te trompes, mon petit gars, je vais te réduire les os en miettes, un par un, compris !”

Et il donnait des coups de pied, des coups de poing, tandis que le journaliste culturel, qui courait de plus en plus vite tout en essayant de se protéger le visage des deux mains, saignait déjà abondamment du nez. Une ou deux fois, il avait appelé “A l'aide !” en tremblant, mais personne n'avait réagi, excepté Karl, qui lui avait enfoncé un coup de poing de plus dans le dos en criant : “Comment ça, à l'aide ? Je suis déjà en train de t'aider, imbécile !”

A un moment, une vieille femme s'était arrêtée et avait lancé prudemment : “Mais enfin, que faites-vous ?” et Karl lui avait hurlé à la figure : “Sois contente, grand-mère, que je sois là pour te protéger d'un type comme ça !” et elle avait passé son chemin, terrorisée.

J'ai raconté à Karl l'histoire de ces deux artistes toujours habillés de cuir noir, qui avaient un jour présenté sur la place de la cathédrale une performance intitulée : *Coups et baisers.* Ils s'embrassaient tendrement pendant deux minutes, puis se tabassaient pendant deux minutes, et ce, durant plus d'une demi-heure, alternativement. Au début, les spectateurs s'étaient étonnés, puis ils s'étaient mis à rire, avaient ensuite applaudi et épicé le tout de commentaires salés. Mais, petit à petit, la foule qui regardait le spectacle était devenue de plus en plus agitée. Les deux artistes étaient déjà en sang à cause des coups et avaient les lèvres déchiquetées à force de s'embrasser quand les premiers cris avaient retenti : "Sales pédés !"

Et pour finir, certains badauds en étaient venus aux mains, se mêlant au spectacle, non pas au moment des coups, mais au moment des baisers. Deux hommes qui s'embrassaient ouvertement et de manière si intense, c'était tout simplement trop pour eux. Ils n'arrivaient pas à s'y faire. Mais pour ce qui était des coups – qui peut bien encore s'intéresser à des coups ?

Karl a bien aimé mon histoire :

"C'est peut-être ce que j'aurais dû faire, l'embrasser, a-t-il dit, mais ce type est trop grand, je n'arrive pas assez haut."

On a ri et commandé deux autres tequilas, puis j'ai demandé :

"Qu'est-ce qu'il en est ressorti, finalement ? Est-ce qu'il a porté plainte ?

— Tu parles, a dit Karl d'un ton méprisant, il est rentré chez lui, la queue entre les pattes, et Marlène lui aura sûrement léché ses blessures. C'est elle que j'aurais dû corriger, pas lui."

Karl était mon plus vieil ami. Nous nous connaissions depuis l'école. Ensemble, on a écouté Bob Dylan, fait du stop pour aller au concert de Lou Reed, on s'est fait taper dessus dans des manifs, on a fumé ensemble nos premiers joints, et à l'époque, en deuxième année, quand il a fallu que je me marie – du moins, nous pensions qu'il le fallait, l'époque le voulait –, il a même été mon témoin, lui qui ne pouvait pas supporter mon mari. "Intello de mes deux", disait-il d'un ton dédaigneux, et il ne nous donnait pas deux ans.

Mais il avait tout de même été surpris que l'intello de mes deux m'ait engrossée si vite. Bien sûr, Karl avait aussi été choisi pour être le parrain de Tom, et comme si souvent il a su à cet instant ce à quoi je pensais justement et a demandé :

"Alors ? Que devient notre petit Tom ?

— Ah, ai-je fait, toujours aussi gentil, il joue au tennis, boit du Coca Light, il va devenir policier ou bien rallier l'Union des jeunes chrétiens-démocrates ou quelque chose comme ça, ce n'est que du bonheur, cet enfant.

— Arrête, a dit Karl, qui aimait bien Tom, ne parle pas comme ça de lui, ne sois pas injuste. Sois contente qu'il ne se drogue pas et qu'il soit bon en classe, de nos jours, ça relève du miracle, tu sais. Tu le sais, quand même ?

— Mais oui, ai-je dit, bien sûr que je le sais, et je suis contente, évidemment. Mais il est si terriblement ennuyeux, Karl, il connaît les trente premiers joueurs au classement ATP, il peut te déblatérer les noms de tous les premiers ministres, et tu devrais voir sa chambre – tu te sentirais mal, tellement tout est impeccablement bien rangé. Déprimant."

Karl a hoché la tête.

"Comme son père, a-t-il dit, ce pinailleur de première. Tu te souviens, il écrivait toutes ses idées pour les dissertations sur des fiches bristol, classées par ordre alphabétique.

— Si je m'en souviens ? ai-je dit. J'ai vécu sept ans avec ce type.

— Tu as eu de ses nouvelles ? a demandé Karl, et j'ai secoué la tête.

— Non, plus depuis longtemps, je crois qu'il est à Cuernavaca avec le philosophe Ivan Illich et qu'il enseigne les méthodes de médecine douce ou quelque chose comme ça.

— Intello de mes deux, a déclaré Karl, satisfait. Raseur. Sois contente d'en être débarrassée. Tom est un bon petit gars, il ne sera pas aussi étroit d'esprit, on est tous les deux là pour le dévergonder un petit peu."

On a ri et trinqué.

"Tu sais quoi, a-t-il dit, je crois que j'ai encaissé le fait que Marlène m'a quitté."

J'ai voulu l'interrompre, mais il a levé la main.

"Attends, a-t-il repris, laisse-moi m'expliquer. Non, vraiment, j'ai digéré le fait qu'elle est partie. Ce qui me reste en travers, c'est d'avoir été aussi bête. J'aurais dû m'en apercevoir. J'aurais dû m'en apercevoir bien avant.

— De son histoire avec le journaliste ? ai-je demandé.

— Non, a-t-il répondu, j'aurais dû m'apercevoir qu'elle était malheureuse avec moi. Quel imbécile. J'aurais dû m'en apercevoir, mais je ne m'aperçois jamais de rien. Pourquoi est-ce que tu n'as jamais rien dit ?"

J'ai protesté.

"Karl, ai-je dit, combien de fois est-ce que je t'ai dit de ne pas traiter Marlène comme tu le faisais, combien de fois ?

— Bon, bon, a-t-il fait. Ça va. Elle n'a qu'à être heureuse avec son andouille cultivée."

Il a pris une gorgée de bière, m'a regardée et a dit :

"Toi aussi, je t'engueule, et tu ne passes pas ton temps à être vexée.

— Ce n'est pas pareil", ai-je dit.

Karl m'a embrassée sur la joue.

"On n'a pas de chance, tous les deux, avec nos histoires d'amour, pas vrai ?" a-t-il dit en riant, et j'ai pensé à Block.

Cela faisait exactement deux semaines que Block avait claqué la porte derrière lui en disant : "Va te faire, Irène."

Puis il avait disparu avec ses valises de livres et sa machine à écrire de voyage, et une fois de plus je m'étais retrouvée seule dans mon grand appartement sombre, où toutes les plantes dépérissaient et moi avec. Seule avec Tom, qui ne s'était jamais entendu avec Block et qui s'enfermait dans sa chambre quand nous nous disputions dans la cuisine. Maman, qu'est-ce que tu veux faire d'un type qui ne sait même pas se servir d'un ordinateur, répétait-il souvent, décontenancé, en regardant la machine à écrire de Block comme on regarderait un fossile surgi des siècles passés.

Au début, j'avais attendu qu'il appelle, qu'il écrive, je m'étais dit que je finirais par le croiser dans l'un de nos bars et que je dirais simplement : "Salut, Block !", et qu'il répondrait : "Tiens, tu es là, Irène !", et puis nous parlerions un peu de tout. Mais rien. Block avait bel et bien disparu, et Karl disait pour se moquer : "Peut-être bien qu'il est parti en Martinique avec une journaliste culturelle de WDR ? Peut-être qu'il y a un nid, là-bas ?"

Nous sommes sortis du bar mexicain. Il avait commencé à pleuvoir. Nous pédalions côte à côte sous une froide pluie d'été, et lorsque nous sommes passés devant ce nouvel hôtel pour riches à l'architecture postmoderne Karl a tout à coup mis le cap sur les portes coulissantes qui se sont ouvertes sans bruit, le laissant entrer avec son vélo hollandais noir tout sale et tout trempé. Actionnant sa sonnette et saluant, il a fait une grande boucle dans le hall de l'hôtel, tourné autour des fauteuils de cuir d'où ont bondi quelques hommes d'affaires japonais terrorisés qui piaillaient et gesticulaient. Le tumulte gagnant la réception, le responsable s'est avancé à pas pressés, a jeté un œil par-dessus ses lunettes en demi-lune, déconcerté, mais Karl s'est dirigé vers la sortie, laissant sur la moquette gris pâle de larges traces de pneus sales, a passé la porte dans l'autre sens, et nous avons continué notre route. Derrière nous, le responsable de la réception jetait de hauts cris, et Karl, conduisant sans les mains, s'est étiré et a lancé :

"Ah ! Ça fait du bien !"

Il m'a regardée et a dit :

"Depuis peu, je fais des rêves de violence, alors de temps en temps je m'autorise au moins ce genre de choses."

De retour chez moi, j'ai trouvé un télégramme de Rupert. Avant Block, j'avais vécu quatre ans avec Rupert. Ça s'était plutôt bien passé, dans l'ensemble, mais un jour Rupert était tombé amoureux, s'était marié, avait déménagé, et je n'avais plus jamais entendu parler de lui. Le télégramme disait : "Suis dans le coin samedi, aimerais bien te voir, Rupert."

On était dans la nuit du vendredi au samedi. Ma tête était lourde de trop de tequila et de Corona, et je me suis regardée dans le miroir. Ce que j'y ai vu ne m'a pas plu : les cheveux mouillés, les yeux fatigués, la vieille veste en cuir trop étroite et dont les coutures ne tenaient déjà plus. Mais je tenais tant à cette veste que je ne parvenais pas à m'en défaire – si Tom la portait, au moins, mais il en était presque écœuré, lui qui ne portait que des tee-shirts bardés de slogans contre la drogue, des blousons Adidas et des casquettes de base-ball qu'il mettait dans le mauvais sens. J'aimais Tom, mais je me demandais souvent pourquoi est-ce que c'était justement moi qui devais avoir un fils à la nuque bien rasée. Il avait l'air si gentil ! Le fils de Natacha avait des rastas, jouait du bongo dans un groupe de reggae et, la nuit, il ramenait sans complexe ses petites amies à la maison. Tom, en revanche, me cachait son Ulrike parce qu'il avait honte de moi et du chaos qui régnait dans ma vie. Le père d'Ulrike était dentiste, elle portait des jeans dessinés par des stylistes et jouait avec Tom au tennis – je ne savais rien de plus sur elle, et il y avait fort à parier qu'ils étaient chastes, qu'ils se marieraient un jour et que Tom reprendrait le cabinet de beau-papa.

L'appartement était dans un état catastrophique. Depuis que Block était parti, j'avais tout laissé traîner, les poubelles, les vieux journaux, des montagnes de bouteilles vides. Je n'avais pas fait le ménage, je n'avais pas aéré, j'avais à peine nettoyé les assiettes et les tasses dont j'avais besoin. Tous les cendriers étaient pleins, les draps du lit étaient grisâtres et en désordre, les plantes du balcon, une fois de plus, avaient crevé. Ni l'appartement ni moi n'avions fière allure. J'avais le choix : tout laisser se dégrader un peu plus en pensant : reste loin de moi, humanité – ou alors : je prenais mon courage à deux mains et j'essayais pour la je-ne-sais-combientième-fois de faire quelque chose de ma vie.

Je me suis séché les cheveux, et quand ils ont été secs je suis finalement allée me doucher, laissant couler l'eau brûlante sur ma tête et mon corps pendant un bon quart d'heure sans doute. Je me réchauffais, me détendais, je me sentais mieux. Les larmes et l'eau baignaient mon visage, et je me faisais une joie de l'instant où j'arrêterais l'eau chaude pour ne laisser couler que l'eau glacée, car, alors, j'aurais réussi.

Ça a été dur et douloureux, ça a fait comme un choc, mais ma peau s'est raffermie, mes yeux ont vu plus clair et ma tête est devenue plus légère. Je me suis séchée, j'ai enfilé quelque chose de confortable, puis j'ai ouvert la fenêtre. La pluie bruissait, douce et triste, telle que l'a décrite Joseph Brodsky dans un poème magnifique – il est assis à la table de la cuisine, pense à la vieillesse qui s'annonce, et la pluie pour lui n'est "pas encore musique, mais déjà plus vacarme".

Tom était parti en voyage de classe avec son lycée. J'étais seule. Les heures qui ont suivi ont été fantastiques. J'ai allumé Klassik Radio, même s'ils ne passent que des amuse-bouches, du classique version guimauve, uniquement les deuxièmes mouvements, surtout rien qui soit désagréable ou dérangeant, mais parfois j'avais exactement besoin de ce genre de musique, et même du deuxième mouvement du pauvre *Concerto pour clarinettes* de Mozart que le monde n'a découvert qu'une fois qu'il a été massacré en musique de film – dans *Out of Africa*, Robert Redford lavait, je crois, les cheveux de Meryl Streep sur cette musique, au beau milieu de la steppe.

J'ai passé le balai et nettoyé, j'ai jeté les fleurs fanées et les vieux journaux, descendu les bouteilles vides à la cave, j'ai suspendu mes vêtements sur des cintres ou les ai jetés dans le bac à linge. J'ai fait mon lit comme il faut, puis je me suis dit : ma foi, on ne sait jamais ce qui peut arriver – j'ai enlevé les draps et fait un lit propre. J'ai lavé la vaisselle, fait briller l'évier, puis le lavabo de la salle de bains, chantant en chœur cette aria stupide : "Ni père, ni mère, ni frères, ni sœurs, je n'ai plus personne au monde", tout en me réjouissant car c'était bien la vérité. Et il n'aurait plus manqué que ça, ma mère qui m'aurait observée en disant : Irène, Irène.

Je me sentais bien, enfin. A trois heures du matin, je me suis endormie, les fenêtres grandes ouvertes, j'ai dormi profondément, sereinement, et je n'ai pas rêvé.

A dix heures, j'ai été réveillée par la sonnette. Non, ai-je pensé, pas moi, pas maintenant, pas si tôt. D'abord, je veux m'habiller. D'abord, je veux prendre mon petit-déjeuner. D'abord, je veux lire le journal, et ensuite, seulement ensuite, je serai prête à affronter l'humanité.

Je suis restée au lit et j'ai laissé sonner. Le facteur ? Rupert, déjà ? Peu importe. Je me suis étirée dans mon lit, toute à la joie du soleil qui me saluait justement – avant de disparaître derrière les toits pour le reste de la journée. Je me suis rendormie et, une fois de plus, c'est la sonnette qui m'a réveillée – il était une heure passée. Rupert ! ai-je pensé, zut, maintenant, il attend devant la porte, et, moi, je suis encore au lit, et en plus vêtue d'un tee-shirt à l'effigie du groupe de hard rock Die Toten Hosen. Non, je n'ouvre pas, pardonne-moi, Rupert. Je me suis étirée, puis je me suis levée, j'ai pris une douche et je me suis préparé un petit-déjeuner avec les restes qui traînaient encore. Déjà samedi, une heure de l'après-midi, et Tom qui rentrait demain soir – bah, je trouverai bien quelque chose, une pizza surgelée, des spaghettis, du lait longue conservation, en tout cas, maintenant, il était hors de question que j'aille faire la queue à une caisse pour deux, trois œufs et de quoi faire une soupe.

Je suis descendue prudemment jusqu'à la boîte aux lettres – plus personne. J'ai attrapé mon journal, et je suis tombée sur un petit mot rédigé de son écriture si propre : Où es-tu ? Je réessaie vers trois heures, Rupert.

Vers trois heures, c'était parfait, comme ça, j'avais encore deux bonnes heures pour me remettre sur pied. Je ne pouvais pas me concentrer sur le journal, je pensais sans arrêt à Rupert. Quatre années, quatre belles années, finalement, même s'il n'y avait pas eu de grande passion. Rupert faisait du théâtre, il jouait le plus souvent dans de petites salles, il avait par exemple joué trois cent quarante-deux fois *Couple ouvert à deux battants*, encore et toujours *Couple ouvert à deux battants*, je me demande comment un être humain peut supporter cela ? Le soir de la première, je l'ai trouvé fantastique – quel tempérament tout à coup ! Comme il pouvait être vivant, exubérant ! J'étais épatée, fière de lui, et amoureuse comme au premier jour. Des semaines plus tard, quand j'ai revu la pièce avec des amis, j'ai trouvé cela plutôt gênant. Je le voyais devant moi, assis en débardeur à la table de la cuisine, lisant le *Frankfurter Allgemeine Zeitung* avec application, page après page, chaque page avec la même attention, ou plutôt : chaque page avec le même ennui profond – politique, économie, culture, voyages. Des heures durant, il buvait du thé, se faisait des sandwichs au camembert et à la ciboulette, tandis que je pensais à nos nuits si calmes. Et voilà que, sur scène, il courait dans tous les sens comme un membre honoraire de la société des derviches tourneurs, voilà qu'il était drôle, prompt à la riposte – mais c'était le rôle, c'était Dario Fo, pas lui. Malgré tout, cela m'a révoltée, et six mois plus tard, quand j'ai revu la pièce une troisième fois, je n'ai pas supporté de voir cet homme qui me laissait presque mourir de faim et de soif à ses côtés gambader comme ça sur scène, débordant de joie, et je suis partie à l'entracte. Quelque temps après, il a joué dans un autre petit théâtre le rôle masculin dans la pièce de Gabriel García Márquez, *Réquisitoire amoureux contre un homme assis.* Pendant deux heures, il devait rester assis sur un tabouret sans un mot, dos au public, tandis qu'une femme criait, l'engueulait, poussait des sanglots, accusait et déballait toute sa pauvre vie ratée devant lui, qui restait assis et se taisait. Je pouvais sans difficulté me mettre à la place de cette femme. Alors l'hostilité s'est installée entre Rupert et moi et nous avons continué de jouer à la maison : je criais, il était assis, en débardeur, et lisait le journal. Et puis un jour, il m'a avoué qu'il était tombé amoureux de cette comédienne, celle qui, sur scène, le remettait chaque soir à sa place, qu'elle attendait un enfant de lui, qu'il allait l'épouser. Voilà.

On a sonné une nouvelle fois. Quelle raison aurais-je finalement eue dans ce vaste monde incompréhensible, quelle raison aurais-je pu avoir de réagir aux coups de sonnette de Rupert ? Aucune, pas une seule.

Je me suis préparé un bon café bien fort, j'ai fumé une bonne cigarette bien forte et j'ai laissé sonner. Sans doute Rupert avait-il aussi tenté le coup par téléphone, mais le téléphone se trouvait depuis longtemps dans la chambre de Tom, et quand il n'était pas là je le débranchais. Je détestais cette sonnerie qui me dérangeait quand je rêvassais, quand je lisais ou quand j'écoutais de la musique, je ne voulais plus être joignable à tout moment pour tout le monde, et en cas d'urgence Karl avait de toute façon une clé de l'appartement pour que je ne finisse pas comme les célèbres retraités qu'on n'avait découverts que huit semaines après leur mort.

On a sonné plusieurs coups répétés, et j'ai commencé à perdre patience. Quelle arrogance, ai-je pensé, de vouloir pénétrer ainsi dans ma vie à grand renfort de tocsin après en être sorti sans tambour ni trompette, va te faire.

Et puis tout est redevenu calme, juste le bruit de la cigarette que j'éteignais. Mission accomplie.

Je suis allée à la fenêtre et j'ai écarté les voilages pour jeter un œil prudent sur la rue. En bas se trouvait Block, et non Rupert. Il a levé la tête. Block, mince et, comme toujours, tout habillé de noir, Block, le journaliste branché qui travaillait pour un journal branché, l'alcoolique repenti, emmerdeur chronique, Block qui ne m'avait jamais appris qu'une seule chose : je ne lisais pas les livres qu'il fallait, je n'écoutais pas la musique qu'il fallait, rien en moi n'était comme il fallait, à commencer par mon métier d'enseignante dans une école primaire. Tout le contraire de ce qu'il fallait. Mais, moi, j'aimais mon métier, et les enfants m'aimaient. Il y avait dans notre école un pourcentage très élevé d'étrangers, ce n'était pas facile, mais je maîtrisais la situation. Je prenais parfois le petit-déjeuner avec les enfants – je leur demandais d'apporter ce qu'ils avaient l'habitude de manger chez eux, et puis on échangeait. La salle de classe ressemblait ensuite à une porcherie, mais les enfants s'entendaient mieux entre eux et apprenaient à mieux se connaître. Block trouvait cela idiot et disait : Dès qu'ils auront quitté l'école, ils enverront des cocktails Molotov sur les maisons des autres, tu verras. Je suis persuadée que mes élèves ne font pas cela parce qu'ils apprennent avec moi autre chose, mais Block était toujours pessimiste, jusqu'au bout des ongles. Il n'y avait jamais de bonnes solutions, seulement de mauvaises, et je me suis demandé pourquoi il était venu aujourd'hui et ce qu'il voulait de moi. Il a tourné les talons et s'est éloigné, j'étais ravie de ne pas avoir ouvert, et bien étonnée des tours que mon passé me jouait ce jour-là en voulant me rattraper par deux fois.

Je me suis rassise à la table de la cuisine, j'ai ouvert une bouteille de vin et je me suis mise à réfléchir à ce que j'attendais réellement de la vie. Un homme ? Une vraie famille ? Certainement pas. Quelques personnes sensées de plus autour de moi – cela m'aurait déjà suffi, mais je me suis alors souvenue de Gary Cooper qui s'approche à cheval d'une ville du Far West et grogne : Les villes, ça veut dire des hommes, et, les hommes, ça veut dire des ennuis… Je ne voulais pas d'ennuis. Juste quelques bons amis – mais, si possible, pas trop proches non plus. Je ne voulais pas d'appels de copines hystériques qui tombaient enceintes à plus de quarante ans et m'informaient joyeusement des résultats de l'amniocentèse, je ne voulais pas des coups de fil de Sabine qui m'appelait en pleine nuit, soûle – tu sais quoi, je suis en train de lire un livre sur Jeanne d'Arc, tu savais que sa condamnation au bûcher était parfaitement injuste ? Ça me déprime complètement, mais c'est prouvé scientifiquement, c'était parfaitement injuste… C'est ça. Je ne voulais plus être invitée à des anniversaires ou à des mariages, tout cela n'était que gaspillage d'un temps précieux. Je ne voulais plus non plus d'homme assis à ma table de cuisine, je ne voulais plus de son linge sale sur le sol de ma salle de bains, je ne voulais pas d'un homme dans mon lit toutes les nuits. Pas toutes. Mais comment fait-on, juste de temps en temps ? Comment vieillit-on seul sans être seul ? Tom me quitterait dans trois ans, une fois son bac en poche, sans doute avec mention, puis il ferait des études de sport ou bien "dentaire", épouserait une Ulrike, deviendrait peut-être maire de la ville de Dinslaken, aurait des enfants ravissants qu'il enverrait chez leur grand-mère pour les vacances, et la grand-mère, ce serait moi – non, je ne voulais pas de cela non plus. Je voulais être moi, avec ma façon de vivre et de semer la zizanie, ma façon de fumer, de travailler, de boire – "oui, danser, mais sans quitter ses lourds souliers" – j'avais lu cela quelque part, et cela me plaisait. Je voulais pleurer quand Bob Dylan chantait *"It's alright, Ma, I'm only bleeding"* et quand on passait à la télé des documentaires illustrant des relations mère-fille heureuses ou d'horribles films animaliers, et je voulais faire tout cela sans que quelqu'un me regarde d'un air narquois et demande : Seigneur, ce sont encore les hormones qui débloquent ?

Plus de Rupert, plus de *Frankfurter Allgemeine Zeitung*. Plus de Block ni de bottes de cow-boy noires à bouts pointus et à talons usés sur l'extérieur. Pour les Mongols, c'est un jeune Kirghize qui était dans ma classe qui me l'avait expliqué, les bottes dont les bouts pointus sont relevés signifient qu'on ne veut pas blesser la terre – le visage de Dieu – avec le bout de ses chaussures. Une belle image – mais pourquoi Block, cet athéiste mal luné, portait-il des bottes de cow-boy à bouts pointus et relevés, en plein Cologne ? Absurde, tout ça. J'en avais assez. J'étais lasse de toutes ses discussions sur la manière dont je devais organiser ma vie. J'aurais voulu quelqu'un qui me prenne comme j'étais, avec mon plumage terne, ma fourrure sale et mon âme grise, quelqu'un qui me fasse briller et rayonner comme avant. Je voulais être moi, non plus une épouse, une mère ou une fille, pas encore une mamie, mais tout simplement moi.

Et de nouveau, on a sonné. A la radio, un pianiste était en train de bâcler l'*Appassionata* et je me suis souvenue de ce qu'avait dit Lénine : "Moi aussi, j'aimerais être ému par l'*Appassionata*, mais il n'est plus temps pour cela, il est temps de faire tomber des têtes." J'aurais volontiers fait tomber la tête du type qui était en train de sonner chez moi.

J'ai pris mon verre de vin et les cigarettes et je suis allée dans le salon ; entre-temps, il faisait presque nuit. Peut-être, ai-je pensé avec délectation, peut-être mon ex-mari, l'intello de mes deux, va-t-il revenir de Cuernavaca justement aujourd'hui et sonner lui aussi ! Peut-être sont-ils tous les trois en bas de l'immeuble en train de parler de moi, peut-être veulent-ils entrer dans ma cuisine, et alors il faudra que je fasse des œufs au plat pour Rupert, le vieux raseur, pour Block, qui, à onze ans, lisait déjà Dostoïevski, et qui, à quatorze, avait déjà derrière lui trois tentatives de suicide plus ou moins sincères, et pour mon ex, qui était sans cesse occupé à changer le monde par des théories, alors qu'en pratique il ne s'en sortait pas. Peut-être voulait-il aussi revoir son fils, justement aujourd'hui, le blond Thomas Hermann Friedrich, qui, par chance, tenait tout de la famille de son père et rien de sa mère chaotique. Je regrette, messieurs. Aucune envie d'avoir ici des lecteurs du *Frankfurter Allgemeine Zeitung* ou des âmes cyniques, aucune envie d'avoir chez moi des sauveurs d'humanité ou des pères, le fils est absent, et la mère vous remercie bien, mais elle n'est pas intéressée.

A ce moment-là, une clé a tourné dans la serrure de la porte d'entrée. Ça ne pouvait pas être déjà Tom, et, d'ailleurs, il n'entrait jamais sans avoir sonné auparavant d'une manière convenue – il ne voulait pas me surprendre dans des situations douteuses. Rupert m'avait rendu la clé autrefois. Mon ex n'avait jamais eu la clé de cet appartement, et Block – Block ne pourrait quand même pas avoir le toupet de rentrer ici avec sa clé comme si de rien n'était, alors qu'il avait claqué la porte avec tant d'arrogance, je te le ficherais dehors, je lui jetterais à la tête le sac contenant l'édition des œuvres de Baudelaire, reliées cuir de chèvre gris, qui traînait encore dans l'entrée et pour lequel il était sans doute venu aujourd'hui, je lui…

C'était Karl. Il était sur le pas de la porte, petit, costaud, il avait l'air tout chose.

“Pourquoi est-ce que tu n'ouvres pas, a-t-il demandé, tu es morte ?

— Je ne crois pas, ai-je dit, mais je ne veux pas laisser entrer mon passé.”

Et j'étais tellement heureuse de voir Karl.

“Si, laisse-le entrer, a dit Karl. Laisse-moi entrer et allume la télé, il y a une nuit Bob Dylan, ce soir, tous ses admirateurs vont chanter, seulement ses chansons, et je ne peux pas regarder ça tout seul, je ne peux regarder ça qu'avec toi.”

Il est allé chercher deux bières dans la cuisine et j'ai allumé la télévision.

Willie Nelson est apparu, avec ses longs cheveux gris et sa bonne tête, et il s'est mis à chanter :

What was it, you wanted ?
Could you say that again ?
I'll be back in a minute,
Could you get it together by then ?

“Ouais, a dit Karl, qu’est-ce que je voulais, déjà ? J’ai oublié, dis-le-moi, Willie !”

J’ai passé mon bras autour des épaules de Karl et j’ai dit :

“Regarde un peu Willie Nelson, lui qui est toujours resté fidèle à lui-même, et maintenant regarde un peu ce que l’Amérique et ses dentistes ont fait de Kris Kristofferson !”

Kristofferson était devenu un bourgeois grassouillet avec des maxillaires artificiels, mais il faut reconnaître qu’il a consolé Sinead O’Connor, huée par toute la salle parce qu’elle avait déchiré en public une photo du pape, quelque temps auparavant. Les spectateurs ne l’ont pas laissée chanter, Kristofferson l’a raccompagnée en coulisses et je me suis énervée.

“Pourquoi est-ce que des gens pareils vont voir un concert de Dylan, ai-je demandé, où est Dylan, pourquoi est-ce qu’il accepte ça ?

— Il n’accepte pas, a dit Karl, mais l’humanité est tout simplement bête et bigote, qui d’autre sait cela mieux que lui, il en fera une chanson.”

Karl et moi buvions notre bière tandis qu’Eric Clapton et Lou Reed, qui avaient les cheveux aussi courts que Tom, chantaient quand même *“Don’t think twice, it’s alright”*, et je me suis dit que tout n’était peut-être pas perdu, que les temps changeaient simplement, mais que *some things never change*, Dieu merci, certaines choses ne changeaient pas.

Johnny Winter est arrivé et a torturé sa guitare comme son corps tatoué. Il était extrêmement longiligne et maigre, pâle comme la mort, ses yeux d’albinos étaient fermés, sa queue de cheval blanche lui pendait dans le dos et il chantait *Highway 61 Revisited*, puis il s’est lancé dans un feu d’artifice musical tel que nous en avons oublié de respirer. Ensuite est arrivé cet hybride du nain Long-Nez et de Patti Smith, Ron Wood, des Rolling Stones, avec son visage de centenaire usé. Il portait une chemise jaune à jabot et bredouillait : *"Seven more days, all I've got to do is survive"*, et j'ai pensé à nos peurs, à nos rêves et à nos espoirs en m'agrippant à Karl, à celui qui me connaissait déjà à l'époque où j'avais à peine dix-huit ans, qui avait connu ma mère et savait que cette blessure en moi qui s'appelle maman ne se refermerait jamais et saignerait toujours. Karl.

Et puis le maître en personne est apparu. George Harrison l'a annoncé :

"Some call him Bobby, some call him Zimmi, I call him Lucky, Mr Bob Dylan."

Il était bien plus petit et fragile que les autres, il avait des boucles courtes et portait une petite veste courte. Autour de sa bouche, il y avait des rides profondes et marquées, il a fermé les yeux, commencé à la guitare et chanté. Chanté ? Sa voix était nasillarde, rauque, hésitante, comme celle d'un vieil homme soûl, comme celle d'un chien errant blessé qui grogne. Après les orages acoustiques qui avaient précédé, tant de calme mettait mal à l'aise. Il se tenait là, sans gesticuler, sans torturer sa guitare dans les aigus, sans paillettes, et il chuchotait, lui qui nous avait toujours livré la poésie du monde : *"It's alright, Ma, I'm only bleeding"*, ce n'est rien, maman, ne te fais pas de souci, je suis juste en train de mourir, mon cœur se brise juste à l'instant, mais sinon, tout va bien, maman.

You lose yourself, you reappear
you suddenly find you got nothing to fear.

Tu te perds, tu retrouves la voie, et soudain tu le sens : tu n'as plus à avoir peur, quelqu'un vient qui est là pour toi.

Les larmes coulaient sur mes joues et sur celles de Karl, comme ça, sans raison, et on s'est regardés. Et alors on s'est enfin embrassés, après vingt ans de détours, affamés, étonnés, heureux, notre longue histoire était enfin arrivée au point vers lequel elle avait toujours tendu. *What was it I wanted* ? Ça, exactement ça.

Et quand on a de nouveau carillonné à la porte, nous avons laissé sonner, Karl, Bob Dylan et moi.

AMOUR ET CHARCUTERIE

A l'époque, Harry venait tout juste de terminer ses études de cinéma, et ce avec succès, quand on lui a offert la chance de tourner son premier film. Des bourses avaient été accordées, une équipe mise à disposition et il y avait même une promesse de la télévision de soutenir le film et de le diffuser. C'était au milieu des années 1970. Nous faisions alors tous des études de théâtre, et Harry avait fait en plus l'école de cinéma.

Harry était tout feu tout flamme. Il s'asseyait dans notre cuisine et réinventait le septième art, développant des histoires d'amour étranges, des drames profonds, des comédies à double tranchant, et pour finir il arrêta son choix sur une intrigue policière musclée.

"C'est ce qu'ils veulent voir, disait-il, ça, ça marche toujours, il faut d'emblée que je présente quelque chose qui m'amène au sommet, d'abord un succès commercial, et, après, il sera toujours temps de réaliser mes rêves."

Harry a les pieds sur terre, ce n'est pas pour rien que, depuis, il vit réellement à Santa Monica et compte déjà Dustin Hoffman parmi ses connaissances. Harry a toujours su ce qu'il voulait : devenir un grand réalisateur. Enfant, il avait immortalisé avec une vieille super-8 une journée dans l'une des sandwicheries de son père, les clodos qui buvaient là leurs bières, les employés de bureau qui se goinfraient de saucisses au curry et de frites ketchup-mayo après leur journée de travail, les ménagères qui achetaient un petit en-cas – Harry avait tout cela sur des bandes super-8, auxquelles il avait ajouté le son et la musique : c'était la vie, c'était sa vie.

Donc un policier. Mais avec de l'amour. Un policier dans le milieu lycéen, cela lui était encore familier, il s'y connaissait, l'élève aime la prof, non, mieux : le prof aime l'élève, la séduit, le petit ami est jaloux, meurtre, explication, larmes, amour et mort, excellent.

Il s'est attelé à la rédaction du scénario, mais ce n'était pas vraiment son fort. Harry est un homme d'images qui, dans notre cuisine, devenait sans conteste un homme de paroles, mais un scénario – c'est quand même autre chose, et nous, ses amis, avons dû nous y coller. Nous avons créé l'histoire avec lui, bricolé des dialogues, fait des propositions, il faisait des modifications, et nous buvions du sidi brahim tout en engloutissant des toasts tomate-fromage dégoulinants. Le scénario gagnait en épaisseur, prenait forme, le responsable de la chaîne de télé était enthousiaste. Un acteur expérimenté avait été engagé pour jouer le professeur, une toute jeune actrice, très belle, jouerait l'élève, et un matin nous nous sommes réellement trouvés à quelques jours du tournage.

Harry était heureux, excité, remonté à bloc. Mais il lui manquait encore quelque chose.

“Je ne sais pas quoi, a-t-il dit, mais il manque quelque chose, il manque une idée pour le début. Je ne peux quand même pas la faire s'asseoir dans la salle de classe et s'extasier devant lui. Doris, que fait une gamine de dix-sept ans quand elle est amoureuse ?" m'a-t-il demandé.

Quelle question ! Qu'on en arrive encore à des histoires d'amour entre les hommes et les femmes, alors qu'ils savent si peu les uns des autres, m'étonnera toujours. A dix-sept ans, j'étais si amoureuse que je voulais en mourir. Il était violoniste, blond et pâle, et il était aussi calme que j'étais vive. C'est bien pour cela que je l'aimais, tout en lui était différent de moi, et quand on est jeune on aime la différence. Plus tard, on cherche la similitude, on cherche le calme, la compréhension, l'harmonie, l'entente. Mais, à dix-sept ans, tout doit être neuf, différent et inattendu. Je jouais du piano, mal, et il jouait merveilleusement bien du violon. J'étais si jeune et sans expérience, il avait plus de trente ans, une petite amie dans l'orchestre, et une liaison avec une prof d'espagnol qui portait de grands chapeaux. Mais c'est avec moi qu'il faisait de longues promenades, c'est moi qu'il tenait par la main et appelait princesse. Il m'emmenait dans son appartement, jouait pour moi Tchaïkovski et Brahms sur son violon, et mon cœur tremblait, je l'aurais bien épousé sur-le-champ, mais bien sûr il n'en était pas question, il me restait encore deux ans avant de passer le bac. Nous n'avons pas une seule fois fait l'amour – c'était les années 1960 ! A peine nous embrassions-nous de temps en temps. Je noircissais des journaux intimes entiers à cause de lui, sur lui, pour lui. "Aujourd'hui, je t'ai vu et ma journée brille comme l'or", voilà ce que j'écrivais. Je faisais des vers : "Tout n'est qu'attente de ton amour, attente de toi, tant tu m'emplis profondément, indiciblement, comme trop de fleurs embaumant un jardin trop étroit."

Aujourd'hui je me dis que j'avais dû lire quelque chose d'approchant et le recopier ou le transformer, mais à l'époque tous ces sentiments me semblaient ne venir que de moi, aucun autre être ne ressentait la même chose et les lectures se confondaient alors avec les rêves.

Un jardin trop étroit... pas mal, je l'ai lu à Harry, qui a été enthousiaste.

"Formidable, s'est-il écrié, c'est ce genre de poésie à l'eau de rose qu'il faut qu'elle écrive à son prof !"

Et cela n'a pas été sans un douloureux petit pincement au cœur, après toutes ces années.

"Je fis pour toi le ciel couleur de mûre avec le sang de mon cœur. Mais tu ne vins jamais avec le soir – ... je t'attendais, debout, chaussée de souliers d'or, ai-je dit, et Harry s'est roulé de plaisir sur le tapis.

— Des souliers d'or, je n'en peux plus ! s'esclaffait-il, c'est trop la classe, tu entends ça, Otto ? C'est en souliers dorés à petits cœurs que les femmes nous attendent, allez, recopie ça, Doris, c'est exactement comme ça qu'elle doit exprimer son amour.

— Else Lasker-Schüler, ai-je dit froidement, ce n'est pas de moi, c'est d'Else Lasker-Schüler, et il a demandé :

— Je la connais ? Elle fait aussi des études de théâtre ?

— Non, ai-je dit d'un ton pincé, tu ne risques pas de la connaître, Else Lasker-Schüler fait partie des plus grands poètes allemands, et il n'est pas question que tu charcutes ses poèmes dans ton film."

En digne fils d'un propriétaire d'une chaîne de sandwicheries, Harry était allergique au terme "charcuter".

“Je ne charcute rien du tout, a-t-il dit, je transforme artistiquement.

— C’est ça, ai-je dit, et comment est-ce que tu appelles ça, quand Arthur Miller dit à Marylin Monroe : «Tu es la fille la plus triste que j’aie jamais rencontrée», et elle prend cela pour une phrase tout à fait délicieuse et personnelle, et déjà, hop, la phrase se retrouve sous une autre forme dans la pièce de théâtre qui suit ? Cela s’appelle : charcuter. Pour ça, vous êtes tous pareils.

— Miller a fait ça ? a demandé Harry. Quelle fine mouche. Allez, Doris, ne sois pas si butée, ça va être un film-culte, on sera célèbres dans le monde entier, qui peut bien connaître ton Else Müller-Trucmuche. Alors au boulot ! Epluche tes journaux intimes et trouve-moi quelque chose, les tourments de l’amour, les soupirs, les crève-cœurs, tout l’attirail de la langueur. Ecoute bien, je commence comme ça : la cour du lycée vue d’en haut, elle est en bas avec les autres filles, il est à la fenêtre au deuxième étage, salle des profs. Il regarde en bas, hop, zoom, gros plan sur elle, elle lève les yeux, et là, j’entends ce qu’elle pense, tu saisis ?

— Qu’est-ce qu’elle pense ? a demandé Otto. Qu’elle va avoir ses règles et qu’elle a planté son interro de latin ?

— Imbécile, a dit Harry, elle pense… elle pense, oui, justement, c’est ça, qu’est-ce qu’elle pense ? Doris, c’est exactement ce que tu dois écrire : ce qu’une fille comme ça pense quand elle est archi-amoureuse. Les souliers d’or, le ciel coloré et tout ça, tu vois ce que je veux dire. On l’entend presque écrire son poème et penser, allez, Doris, écris-moi ça.

— Tu paies combien ? a demandé Otto. Les blessures du cœur, ce n’est pas donné.

— Mince ! a dit Harry. Ne sois pas toujours aussi dur en affaires. Tu sais bien que les caisses de l'Etat sont vides. Et puis Doris a toute cette ivresse de l'amour dans ses carnets, il faut juste qu'elle recopie. Ou alors donne-moi ton journal, Doris, et je chercherai moi-même les passages les plus guimauve.

— Cours toujours, ai-je dit, jamais mon journal ne se retrouvera entre tes doigts dodus.

— Ah, a-t-il fait, c'est bien aussi comme ça, avec des allitérations, comme chez Wagner, *wigulaweia*, Wotan, walkyrie, saisis de tes doigts dodus de dindon les désolantes adjurations..."

Et il se mit à rire avec Otto, jusqu'à ce qu'ils en aient tous deux les larmes aux yeux, puis Harry s'est allumé une cigarette, m'a embrassée sur la joue pour me dire au revoir et a dit :

"Bien, Doris, je te fais confiance. A lundi."

Le week-end a été très sentimental. Je me suis plongée dans la douleur que j'avais ressentie alors, j'ai lu les petits mots que le violoniste m'avait écrits – "Ma princesse, écrivait-il, notre amour flotte bien haut sur un piédestal branlant, prends garde, n'ouvre pas les yeux, nous tombons..."

J'ai lu un paquet de longues lettres que je lui avais écrites à l'encre brune et que je n'avais jamais envoyées, des lettres truffées de citations piochées dans toute la littérature et adaptées pour lui : "Toi, mon violoniste, ton sourire est si tendre, si fin, tel un reflet sur une défense d'ivoire usée, pareil au mal du pays, à la neige de Noël..."

De qui était-ce ? Rilke ? Comment se faisait-il que je m'en souvienne à peine, ma vie actuelle était-elle si totalement coupée de celle de la jeune fille amoureuse d'autrefois ? Que m'était-il arrivé, quand avais-je bien pu tout oublier ?

A l'époque, je voyais tout en grand et de manière si audacieuse, dans des images que je créais moi-même ou que je volais. Aujourd'hui, je vois la vie en petit, mon cœur ne brûle plus et je me suis adaptée au monde, plutôt que d'adapter le monde à mes passions. Je me suis demandé qui portait la responsabilité de tout ce gâchis – l'âge adulte ? Les études ? Le pragmatisme d'Otto ? Je regrettais l'époque folle du premier amour.

Pas à pas, j'avançais dans ce passé sentimental, tandis qu'Otto, de mauvaise humeur, s'impatientait : "On va le préparer ce chou frisé, oui ou non ?", ce à quoi j'ai répondu doucement : "Prépare-le, toi, chéri, là, je ne peux pas, je suis complètement ailleurs." Mais je lui ai quand même dit aussi de d'abord faire revenir des oignons dans la graisse d'oie.

"L'automne approchant, il est si facile de s'effondrer à terre, sanglotant", avais-je écrit en octobre 1963, et je sais aujourd'hui encore que c'est d'un poète hongrois dont j'ai depuis longtemps oublié le nom. J'ai de nouveau dix-sept ans et, d'un instant à l'autre, on va sonner, le blond violoniste sera là, délicatement appuyé contre l'encadrement de la porte, et il chuchotera : "Bonjour, princesse, viens, envolons-nous loin d'ici."

A l'époque où j'étais si triste à cause de lui, il m'avait écrit : Echappe-toi dans ce qui est beau et n'appartient qu'à toi.

Qu'est-ce qui n'appartenait qu'à moi aujourd'hui ? Même les pensées les plus intimes écrites dans mon journal devaient servir pour un film. Pour quelle raison étais-je donc prête à accepter cela ? Je crois que j'avais l'impression qu'ainsi elles serviraient finalement à quelque chose, tant d'années après, le monde entier les entendrait, certes, sans savoir que c'était là mon âme qui criait, mais il entendrait malgré tout que c'était bien là une âme qui criait, n'est-ce pas ?

Harry a appelé le lundi suivant :

"Alors, que devient mon petit texte d'amour ?

— J'y travaille, ai-je dit et je lui ai lu ce que j'avais écrit :

Tu couronnes mon être de tels diadèmes
Toi, l'accomplissement. Je ne peux donner tant.
Mais si je devais un jour, les joues brûlantes encor,
Comprendre que je n'étais alors
Pour toi rien qu'un instant de bohème –
Tu étais, toi, tout mon printemps !"

Harry s'est tu, épaté.

"Tu es toujours là ? ai-je demandé.

— Bon Dieu de bon Dieu, a-t-il dit, c'est de toi ?

— Non, ai-je répondu, c'est de Rudolf G. Binding, mais j'ai un peu transformé.

— Continue comme ça, a dit Harry, rajoutes-en, je m'en balance de savoir que ça vient d'une Mme Müller-Trucmuche ou d'un M. Bending – change quelques détails pour qu'on n'ait pas d'ennuis avec les droits, et fais en sorte que ça ne rime pas. Elle ne peut quand même pas constamment penser en vers, si tu vois ce que je veux dire. Laisse tomber les diadèmes, l'être couronné, l'instant de bohème et tout ça, laisse tomber ça et fais-lui seulement penser : je ne suis qu'un instant pour toi, tandis que tu es – comment c'était déjà ?

— Tu étais tout mon printemps, ai-je dit d'une voix éteinte.

— C'est ça, a dit Harry, mais pas «étais», l'histoire est à peine en train de commencer, tu dois mettre «es», tandis que tu es, etc. Formidable, et ça, je vais m'en servir comme bande-son pour le générique de début, tu vois, elle traverse la cour, lève la tête au moment où lui regarde par hasard en bas et alors –

— Et alors, hop, zoom, ai-je dit, il la voit et on entend ce qu'elle pense.

— Exactement ! a hurlé Harry dans le téléphone. Comment est-ce que tu sais ça ?

— Tu l'as déjà raconté, ai-je dit, et Otto a crié depuis la cuisine :

— Demande-lui combien il paie ! Faudrait pas qu'il pense qu'il va avoir tout ça pour rien.

— Qu'est-ce qu'il veut ? a demandé Harry, et j'ai répondu :

— Demain soir, j'aurai terminé."

J'ai lu toute la journée de lundi, toute la nuit. Je me suis replongée dans celle que j'étais à dix-sept ans et j'ai trouvé des sentiments dont je ne me souvenais plus, des sentiments qui m'avaient un jour réchauffée, je me suis revue si maigre et tout habillée de noir, fumant cigarette sur cigarette et portant des talons bien trop hauts, pâle aux côtés de mon violoniste livide qui me regardait en disant : "Ah, ma princesse, tu es trop jeune…" et je disais : "Je me sens comme un arbre dans la brise de printemps qui cassera quand viendra la tempête." Et je recopiais chez Rilke : "Si j'avais grandi là où existent des jours plus légers et des heures plus fines, j'aurais inventé pour toi une grande fête, et mes mains ne te tiendraient pas comme elles te tiennent parfois, dures et craintives."

Pas étonnant qu'il m'ait quittée à l'époque, ah, qu'est-ce que je ne donnerais pas aujourd'hui pour le revoir une fois et lui expliquer ce que c'est qu'une jeune fille de dix-sept ans.

J'ai écrit à Harry son texte langoureux à partir de tout ce que j'avais ressenti à l'époque et exprimé dans des poèmes, des lettres et dans mon journal. Cela commençait ainsi :

“Mon amour, c’est mon cœur qui te regarde, un océan de songes qui m’a conduite jusqu’à toi, ne laisse pas mes ailes à présent se briser contre ton cœur de rocaille ! J’aimerais toujours ne te parler que d’amour, mais, toi et moi, nous le savons, quand l’amour parle, l’amour, ah, ne parle déjà plus. Tu es tout pour moi tandis que je ne suis pour toi qu’un instant…”

“C’est vraiment, vraiment la classe, a dit Harry, ému. Cœur de rocaille, océan de songes, mais comment est-ce que vous arrivez à des idées pareilles, vous, les femmes ? C’est exactement comme ça que je l’imagine, et ensuite elle lève les yeux et –

— … et hop, zoom, a dit Otto. Seigneur, Doris, est-ce que tu as vraiment écrit des lettres pareilles à ce pauvre gars, autrefois ?”

Et Harry a dit :

“C’est grandiose, je n’aurais jamais pu écrire ça de cette façon, qu’est-ce qu’on sait finalement des bonnes femmes, et ça va parfaitement dans mon film. Doris, tu es épatante.”

Il a voulu m’embrasser, mais j’ai légèrement détourné la tête en pensant : “Qu’est-ce que tu en sais, toi ? Qu’est-ce que tu peux bien en savoir. Personne ne t’a jamais écrit de pareilles lettres, personne ne t’écrira jamais de pareilles lettres et dans tous tes films il manquera toujours du cœur. Ton cœur, Harry, ne connaîtra l’été de l’amour que depuis les sombres cabines de montage.”

Voilà, pour résumer : le premier film de Harry a été un succès sans partage – prix Grimme, caméra d’or, prix de la critique évangélique, et aujourd’hui Harry vit à Santa Monica, comme je l’ai dit, et il ne fréquente pas seulement Dustin

Hoffman, mais aussi Clint Eastwood, et il a même déjà tourné un film avec Winona Ryder.

Moi, de mon côté, à l'époque, il y a de cela plus de vingt ans, j'ai entendu mes mots à la télévision, chuchotés par cette actrice si jeune et si belle, pendant qu'elle levait les yeux vers la fenêtre derrière laquelle se tenait le professeur qui observait la cour d'un air pensif, et alors, hop, zoom – et j'ai pensé : peut-être mon jeune, non, mon vieux violoniste maintenant est-il assis quelque part devant son poste de télévision et ces paroles lui sont-elles familières, elles transpercent sa peau, dégèlent quelque chose en lui et il saura – mais non, il ne peut pas les connaître, puisque je n'ai jamais envoyé la lettre. Je ne lui ai pas écrit une seule fois, seulement là, seulement pour ce film, j'ai créé cette lettre à partir de vrais sentiments et de citations volées autrefois, et à présent huit millions de spectateurs l'entendent. Vont-ils ressentir quelque chose ? Vont-ils rire ? Ou bien se souvenir du temps où les sentiments étaient aussi grands, aussi brillants que la pleine lune dans les nuits d'été du Sud ?

Deux semaines après la diffusion du film, quand je suis entrée dans notre cuisine, il y avait là une machine à trancher en acier, imposante et démodée, avec laquelle Otto était justement en train de découper de fines tranches de salami hongrois.

"Qu'est-ce que c'est que ça ? ai-je demandé. D'où est-ce que tu la sors ?

— Ceci, a dit Otto, est la machine à trancher le jambon et la charcuterie la plus formidable du monde, elle appartenait au grand-père de Harry, et Harry vient juste de l'apporter, en règlement de tes mots d'amour. Correct, non ?

Personnellement, cela me semble tout à fait correct."

Cela me semblait aussi honnête. Pourquoi pas. Il n'y avait rien à redire à la machine à trancher. Mais chaque fois que nous nous en servions pour couper du jambon, du saucisson ou de la mortadelle, il y avait dans ma poitrine une douleur silencieuse, comme si c'était mon propre cœur que la machine découpait là en tranches pas plus épaisses qu'un fil.

Quand j'ai quitté Otto, peu après, je n'ai pas emporté la machine à trancher. Il a été ravi qu'elle au moins ne le laisse pas tomber.

DOS AU MONDE

Au printemps 1962, quand Franziska Steinmetz, son bac en poche, quitta la maison familiale pour aller étudier à Munich, elle était alors âgée de dix-neuf ans et toujours vierge. A l'époque, cela n'avait rien d'exceptionnel, les temps étaient plus prudes. En Allemagne, Adenauer était encore au pouvoir, 1968 était encore loin, et les mères, pour la plupart restées pures jusqu'au mariage, avaient élevé leurs filles dans cet esprit. On attendait des jeunes hommes qu'ils fassent leurs expériences sexuelles, qu'ils se divertissent avant le mariage, tandis que les jeunes filles, disait-on, devaient se préserver. Franziska n'avait aucunement l'intention de se préserver jusqu'au mariage, elle voulait elle aussi faire ses expériences et elle se sentait plus que prête, elle voulait savoir ce que c'est qu'un homme, elle voulait enfin avoir derrière elle cette fameuse première nuit à laquelle tout le monde attachait tant d'importance. Mais cela devrait se faire avec quelqu'un de capable, pas avec l'un de ces lycéens pâlots qui venaient la chercher pour danser et qui trébuchaient tout seuls. Elle était restée presque deux ans avec l'un d'eux, un fils d'officier, maladroit et vraiment adorable, et ils avaient même failli passer ensemble une nuit d'amour, la première pour tous les deux. Mais le jeune homme lui avait écrit une longue lettre de quatorze pages, dans laquelle il expliquait qu'il n'osait pas, qu'il avait peur de faire les choses de travers, et qu'il préférait passer sa première nuit avec une femme d'expérience. Les hommes se permettaient ce genre de choses sans le moindre complexe – très bien, elle pouvait, elle voulait en faire autant : pas de jouvenceaux aux mains moites d'appréhension, plus de dilettantisme dans le domaine amoureux. Franziska avait décidé de choisir elle-même son premier homme et de ne pas laisser le hasard ou la folie amoureuse décider de qui la guiderait avec dextérité sur ce chemin important qui ferait de la jeune fille une femme.

Non que Franziska n'ait eu aucune expérience. Dans les surprises-parties, pendant les fêtes du lycée, au bal de fin d'année ou après la séance de ciné-club, il y avait eu suffisamment d'exercices érotiques dans les recoins sombres. Des mains moites avaient atterri sur ses seins, glissé entre la ceinture de sa jupe et ses collants et, devant des cuisses serrées, immédiatement capitulé. Son dernier petit ami était un professeur de musique marié, et, tandis que les parents de Franziska assistaient à un concert de violoncelle, elle soupirait avec lui dans le lit étroit de sa chambre de jeune fille, sous la couverture en patchwork, se tournait dans tous les sens, se déshabillait même à moitié et le laissait susurrer un "je t'aime" entre ses deux seins nus. Des disques de chanson française grésillaient sur le tourne-disque portatif, "Bleu, bleu, le ciel de Provence", et Jacques Brel chantait d'une voix grinçante un amour auquel il ne croyait pas, lui qui jugeait toutes les femmes infidèles, superficielles et maléfiques. Le professeur de musique s'était plaint de sa femme qui, depuis sa grossesse, ne le laissait plus approcher. Et Franziska avait eu le sentiment qu'il n'était pas le bon pour ce qu'elle voulait. Certes, il avait de l'expérience, mais elle trouvait ses caresses précipitées et maladroites, il les prodiguait avec impatience et lui apparaissait plus comme une cocotte surchauffée que comme un amant détendu. D'ailleurs, c'est ce qui était plus ou moins arrivé. Le professeur de musique avait pour ainsi dire explosé, s'était excusé, rhabillé, et était reparti rouge de honte. Peu après, les parents de Franziska étaient rentrés et elle s'était mise au lit en pensant : mince alors.

Ensuite il y avait eu le bac et tous les examens, l'excitation et les fêtes qui l'accompagnaient, puis Franziska était enfin partie à Munich où elle étudiait maintenant. Depuis, elle se faisait appeler Franka.

Le premier semestre de langues romanes et d'ethnologie était passé, et rien n'était encore arrivé. Elle s'était retrouvée dans quelques chambres d'étudiants, allongée sur des tapis de grosse laine qui boulochaient, et elle avait bien laissé les hommes l'approcher, mais quels hommes ! Soit des étudiants qui, certes, étaient capables de citer Heidegger, mais n'avaient pas la moindre idée de la façon dont on dégrafe un soutien-gorge, soit des professeurs à l'haleine dégoûtante, qui portaient des lunettes graisseuses et des chaussures à bon marché. Et puis, pendant le premier semestre, elle avait vraiment eu beaucoup à faire – il avait fallu s'inscrire dans les bons cours, découvrir la faculté, les bibliothèques, la vie d'étudiant, elle avait dû chercher une chambre, puis emménager dans une autre peu après, car le premier colocataire la harcelait.

Et il n'était pas exactement ce dont elle avait vraiment envie, c'était un célibataire chauve et grassouillet qui se promenait en pantoufles et frappait chaque matin à sa porte en disant d'une voix rauque : "Mademoiselle Steinmetz, pourquoi donc vous enfermez-vous ? Je veux seulement être gentil avec vous."

Pendant les vacances inter-semestrielles, elle était partie en France avec une amie et avait fait les vendanges en Bourgogne. Beaucoup de travail, peu d'argent, mais vraiment de bons moments, même si l'homme qu'elle désirait avoir pour sa première nuit ne se trouvait pas non plus parmi les vendangeurs. Il y avait là de sympathiques paysans aux mains tannées par le travail, avec lesquels on pouvait rire, chanter, travailler et boire du vin en quantité, mais, pour la passion, il faudrait repasser, et, de toute façon, les vendangeurs étaient tous logés dans des dortoirs, les filles dans une grange, les garçons dans une autre.

Au deuxième semestre, Franka dut chercher un petit boulot, car le peu d'argent que son père lui envoyait ne suffisait pas. Elle commença à travailler comme factrice dans la banlieue où elle habitait. Cela lui rapportait huit cents marks par mois, tout compte fait, ce n'était pas si mal comme petit boulot, mais il fallait se lever à cinq heures du matin, et ça, c'était vraiment terrible pour elle. Au début du mois d'octobre, à cinq heures, même les oiseaux ne pipaient mot, les derniers fêtards dormaient déjà, les premiers trains ne roulaient pas encore, et à cette heure-là les éboueurs ne travaillaient pas non plus. A cinq heures, on ne pouvait pas non plus se laver – ouvrir la fenêtre et laisser entrer l'air froid, c'était tout ce que Franka parvenait à s'imposer. Elle grignotait debout un peu de pain ou un morceau de chocolat en buvant un Nescafé, et puis en route. A cinq heures et demie, Franka devait se présenter au bureau de poste, en même temps que deux collègues – Hugo le maigrichon, qui ne disait presque jamais rien, et Walter le grassouillet qui, lui, était un vrai moulin à paroles. Il parlait uniquement de sexe et des pratiques qu'ils avaient, sa femme et lui, et quand il lui arrivait d'aller aux toilettes Hugo disait : "Tu parles, il ne fait rien de tout ça. Cela fait bien longtemps qu'elle le trompe avec un gars des assurances Allianz, mais pas un mot."

Walter avait fait le trajet quelques fois avec Franka pour la mettre au courant. Ce faisant, il lui avait signalé les femmes particulièrement plantureuses et les jeunes filles de bonne volonté qui étaient prêtes à porter secours au pauvre facteur, offrant schnaps et baisers quand le temps était trop mauvais. Mais Franka ne s'intéressait ni aux femmes, ni aux jeunes filles, et sur les hommes Walter n'avait rien à dire.

Depuis, après avoir classé toutes les lettres, tous les journaux et toutes les cartes par rue et par numéro, elle faisait le trajet seule, avec le lourd vélo jaune de la poste et les deux grandes sacoches.

A 7 heures environ, elle avait terminé sa tournée. Elle bâilla et mordit dans le sandwich au fromage de Hugo, tandis que Walter se curait les ongles avec le coin d'une carte postale. Il lut la carte à voix haute : "Chère maman, bons baisers, ton petit Klaus. P.-S. : Je viendrai peut-être te voir bientôt. Quel trou du cul. Il ne viendra jamais, c'est évident. Le mieux serait de ne plus distribuer ses cartes débiles à la pauvre femme."

Franka aussi lisait de temps en temps les cartes postales et elle trouvait que les gens n'écrivaient que des idioties. Seules les cartes que recevait la jeune vétérinaire de la rue Herder, griffonnées au crayon à papier par un fou de Münster, étaient dignes d'intérêt, quoique incompréhensibles. Récemment, il avait écrit : "Avenir ! Alchimie ! Ah !", et aujourd'hui : "Europe : toi, crotte de nez tombée du nez d'un confirmant. Et si on partait pour l'Alaska ? Gottfried Benn." Qu'est-ce que cela signifiait ? Gottfried Benn était pourtant un poète célèbre, non ? Et il écrivait sur des crottes de nez ? Et qu'est-ce que cela pouvait bien vouloir dire, s'agissant de messages adressés à une vétérinaire ? En dehors de cette vétérinaire, Franka avait trois autres médecins dans son secteur, ce qui avait ses avantages, car il y avait toujours pour eux des offres d'essai, des échantillons médicaux ou des vitamines, et elle pouvait se servir.

Son travail à la poste permettait à Franka de voir de plus en plus clair dans l'âme masculine. Par exemple, Albert Mattes, rue Neukirche, pourquoi était-il toujours vêtu d'un simple peignoir jeté sur les épaules quand il lui ouvrait la porte ? Bon, il portait quand même un slip, mais à part ça – rien, nu, le peignoir ouvert, sans chaussures, et quand elle lui donnait son courrier, il prononçait toujours le même "Alors ?" scabreux. En réalité, elle aurait voulu mettre le courrier directement dans la boîte aux lettres, mais, chaque fois, il la voyait ou l'entendait arriver, ouvrait la porte, prenait personnellement les lettres et les cartes, et lui donnait, quand elle se retournait pour partir, une petite tape sur le derrière. Un jour, elle s'était même dit : Eh bien quoi, je prendrai Albert Mattes pour ma première nuit, voilà tout, puisque, apparemment, c'est ce qu'il veut. Mais il ne lui plaisait tout simplement pas assez, et il avait des poils sur la poitrine, ce qu'elle trouvait terriblement repoussant. Elle ne voulait pas être allongée près de lui, la tête dans cette fourrure.

Elle doutait d'elle-même. Si elle continuait comme ça et restait aussi stricte dans ses choix, elle serait toujours vierge à vingt-cinq ans – non, mieux valait ne pas y penser. Pourquoi tout était-il si compliqué ? Elle était certaine qu'une fois la glace rompue – oui, belle image pour ce dont il était question – qu'une fois la glace rompue, tout deviendrait alors extrêmement simple avec les hommes, elle aurait alors une liaison ici, une aventure érotique là, et peut-être finirait-elle même par connaître le vrai grand amour, si seulement la chose était amorcée, et si ce satané pas était enfin franchi ! Elle voulait que ce soit une belle première nuit, car elle savait que pour toutes ses amies la première nuit avait été un désastre, qu'elle était allée de pair avec des cachotteries, des douleurs, des maladresses, des tâtonnements dans l'obscurité et d'amères larmes de déception, et qu'une seconde fois leur avait beaucoup coûté, non, elle ne voulait pas de ça. Cela devrait être lumineux, se passer dans un grand lit, et il devrait savoir ce qu'il faisait et le faire avec plaisir, avec tant de plaisir qu'elle-même prendrait goût pour toujours à ce genre d'activité. Pour arriver à cela, pensait Franka, cela valait la peine d'attendre et d'être aux aguets.

Un jour, il s'en était fallu de peu. Dans son secteur habitait un homme aux beaux cheveux poivre et sel, la quarantaine, le visage légèrement marqué par la débauche, mais qui n'en était pas moins un homme très imposant. Un matin, il s'approcha d'elle, il sentait bon, et il lui tendit un billet de vingt marks.

"Quel est votre nom ? demanda-t-il.

— Franka, dit-elle, et il haussa les sourcils comme en signe de compliment.

— Intéressant, dit-il. Franka. Ecoutez-moi, Franka, s'il arrive une lettre avec cette écriture – et il lui montra sur une longue enveloppe une écriture de femme penchée et bleue –, alors je vous en prie, pas dans la boîte aux lettres. Jamais dans la boîte à lettres, Franka. Le garage est toujours ouvert, déposez-la s'il vous plaît sur l'étagère du haut, derrière le premier pot de peinture à gauche, il y aura toujours pour vous un billet de vingt marks à cet endroit-là. Franka, mon trésor, nous nous sommes bien compris ?"

Ils s'étaient bien compris, et Franka le sentit : cet homme-là savait y faire, et c'est lui qu'elle voulait, là, immédiatement, dans le garage. Mais il lui fit simplement un dernier clin d'œil et rentra dans la maison, où Franka put apercevoir sa femme qui faisait la vaisselle.

Trois jours plus tard, l'une de ces lettres était arrivée. Evidemment, Franka l'ouvrit avec précaution et la lut. Une certaine Ulla de Brême écrivait qu'elle pouvait à peine attendre jusqu'au week-end tant elle avait hâte de le retrouver, qu'elle viendrait le chercher à la gare et qu'elle ne porterait pas de culotte, qu'il pleuve ou qu'il vente, il fallait qu'il le sache. "Et ensuite, écrivait-elle, on pourra le faire tout de suite, dans le hall de l'immeuble le plus proche, dans les toilettes du café, dans l'ascenseur, et puis nous nous mêlerons aux gens, et j'aurai ce visage, tu sais bien, mon Magnifique."

Mon Magnifique ! Franka recolla l'enveloppe, les doigts tremblants. Comme elle aurait aimé elle aussi avoir “ce visage” ! Jour et nuit, elle ne pensait à présent plus qu’au sexe, mais elle ne revit plus le bel homme, trouvant seulement ses billets de vingt marks derrière le pot de peinture chaque fois qu’elle y déposait les lettres écrites d’une main de femme à l’encre bleue. Pendant quelques jours, elle non plus n’avait pas porté de culotte, et elle avait failli – il faut dire qu’on était au début du mois d’octobre – mourir gelée en faisant sa tournée. Mais cela avait quand même été une délicieuse sensation de frivolité d’être toute nue sous son jean et son pull. Elle rêvait de John F. Kennedy, qui était alors le vénéré président des Etats-Unis et qui lui plaisait bien en tant qu’homme, et bien que John Steinbeck ait reçu cette année-là le prix Nobel, elle lisait en cachette les romans d’*Angélique* d’Anne Golon, dans lesquels les soupirs sont aussi de plaisir.

Et puis elle fit sa connaissance.

Elle rentrait de sa tournée à vélo, il marchait sur la piste cyclable. Elle fit retentir sa sonnette, il se retourna et sauta de côté avec un geste d’excuse. Il était grand, blond, avec des yeux incroyablement clairs, et il avait une formidable façon de lui sourire. “Désolé !” s’exclama-t-il, et elle se retourna encore vers lui et sourit aussi. “Il faut faire attention, Apollon !” lança-t-elle.

Une fois à la poste, elle laissa devant la porte son lourd vélo et entra avec ses sacoches vides, retrouvant Hugo qui dégustait un fromage blanc à la fraise. Elle fit le compte, rangea les reçus dans un classeur, avança un peu le tri pour la tournée du lendemain et prit le journal *Die Zeit* et le magazine *Stern* pour les emporter chez elle, l’institutrice à la retraite de la rue Umbach ne les recevrait que demain, cela suffisait. Puis elle lança à Hugo et Walter : “Bonne journée, les débilos”, Hugo clama : “On t’aime !” et Walter renchérit : “Un jour ou l’autre, je te réglerai ton compte, ou bien je te ferai des choses dans les toilettes”, et en pensant : Non, justement, pas toi, elle sortit. Il était un peu plus de 11 heures, si elle se dépêchait, elle avait encore le temps d’aller jusqu’à la faculté et d’assister au cours de midi sur Flaubert. L’objectivité cruelle avec laquelle Flaubert décrivait l’absurdité du sentimentalisme romantique d’Emma Bovary lui faisait du bien.

Il était dehors. Il était appuyé contre le mur, souriait, la cigarette aux lèvres, et Franka pensa : C’est lui.

Elle alla tout simplement vers lui, prit la cigarette qu’il fumait, aspira une longue bouffée et la remit à sa place.

“Béatrice la factrice ? demanda-t-il. Comment se fait-il que je ne te connaisse pas, j’ai toujours cru que je connaissais toutes les jolies femmes.

— Peut-être que tu n’es pas dans mon secteur, dit Franka, et son cœur battait si fort qu’elle craignit qu’il ne s’en aperçût.

— Base aérienne, dit-il, je suis l’un de ces pilotes si formidables et si attirants.”

Elle apprit plus tard qu’il n’était qu’un simple sergent-chef, mais il aimait faire l’intéressant auprès des femmes en leur racontant qu’il était pilote. Il venait d’Ulm, il était serrurier, engagé à court terme, âgé de trente-cinq ans, et il avait encore presque une année à tirer sur la base aérienne.

“La base, dit-elle. Mmh. Ils n’envoient pas les filles là-bas. C’est trop dangereux chez vous, les gars.

— Je m’appelle Heinrich, dit-il en lui tendant la main.

— Franka, dit-elle, et il demanda :

— Tu es vraiment factrice ?

— Non, dit-elle, étudiante, et il se mit à rire.

— Ah, les mignonnes petites étudiantes, dit-il, toujours si intelligentes, mais pas la moindre idée de la vraie vie.

— Qu'est-ce que c'est, la vraie vie ? demanda Franka. Tu n'as qu'à me montrer, si tu sais ce que c'est."

Heinrich rit, éteignit sa cigarette et la prit par le bras, comme s'ils étaient un vieux couple.

"Qu'est-ce que tu fais, ce week-end ?" demanda-t-il.

Et Franka répondit :

"Ce week-end, je le passe avec toi, et tu m'expliques la vraie vie."

Il s'arrêta et sourit.

"D'habitude, vous, les étudiantes, vous faites toujours de telles manières, dit-il, on dirait que c'est mon jour, aujourd'hui. Alors d'accord : ce samedi, je vais à Landsberg, un ami à moi se marie, une grande fête. Tu veux venir ?"

Et comment ! Elle aurait même préféré partir tout de suite, à l'instant, et ne voulait plus lâcher le bras chaud et ferme de Heinrich, si viril. Mais ils étaient arrivés devant chez elle.

"C'est là que j'habite, dit-elle. Il faut sonner chez Seehuber.

— Je klaxonnerai, dit-il, comme ça."

Et il imita le bruit des klaxons qui accompagnent les Italiens nerveux lorsqu'ils traversent les rues en trombe dans leur petite Fiat. Puis il se pencha et embrassa Franka, et ce n'était pas le baiser d'un débutant. C'était le baiser d'un homme qui savait ce qu'il voulait. Un baiser ferme, insistant, rapide mais absolument sans équivoque. Franka avait les jambes en coton.

"Comme aujourd'hui, pour l'heure ?" demanda-t-il et elle hocha la tête : Comme aujourd'hui. Pourquoi pas aujourd'hui ? Comment pourrait-elle tenir jusqu'à samedi, maintenant que ce qu'elle attendait depuis des années était si proche ?

Il s'en alla, et elle n'eut même pas le courage de le regarder partir. Elle s'assit sur une marche d'escalier dans le hall de l'immeuble et attendit que sa respiration se soit calmée avant de monter dans son petit meublé.

Dans la nuit du vendredi au samedi, elle fut incapable de fermer l'œil. Elle prit un bain (elle avait le droit d'utiliser la baignoire de Mme Seehuber une fois par semaine), elle enduisit tout son corps de crème, se coupa les ongles, arrangea ses cheveux, bref, elle essaya de devenir belle en une nuit. Au petit matin, elle se hâta de distribuer le courrier, courut jusque chez elle et enfila la plus étroite de ses culottes, le plus moulant de ses jeans et le plus beau de ses tee-shirts. C'était une belle journée ensoleillée, l'été indien, et elle enleva sa culotte, ne portant plus qu'un jean, un tee-shirt et des tennis blanches sans chaussettes. Elle s'assit à la fenêtre et attendit.

Il arriva dans une Volkswagen gris métallisé et klaxonna. Elle ne pouvait bouger, elle en était tout bonnement incapable. Finalement, elle se leva, s'approcha du miroir fixé au-dessus du lavabo et observa son visage de jeune fille : tellement fiévreux et affamé.

Elle retourna à la fenêtre, il était appuyé contre la voiture et s'allumait une cigarette, et elle pensa tout simplement : Oui.

Elle descendit les escaliers en courant, essaya d'aller vers lui en ayant l'air détendu, son petit sac de voyage à la main, et dit : "Salut."

Ils se jaugèrent tous deux du regard. Tout était quand même allé assez vite, et ils s'évaluèrent. Ils s'évaluèrent et furent l'un comme l'autre satisfaits. Cette fois encore, elle tira une bouffée de la cigarette qu'il fumait, puis il jeta le sac de voyage sur la banquette arrière, ils grimpèrent dans la voiture et partirent.

"Heinrich, dit-elle, j'ai un secret, mais je ne te le dirai que ce soir.

— J'adore les secrets de femmes, dit-il. Qu'est-ce que c'est, est-ce que par hasard tu serais mariée, mignonne petite étudiante ?

— C'est quelque chose – d'érotique, dit Franka, et il se mit à rire.

— J'adore encore plus ce genre de secrets", dit-il, et, conduisant de la main gauche, il posa la droite sur la cuisse de Franka.

Ils roulaient sur des routes presque désertes à travers des prairies verdoyantes, les vaches paissaient, le soleil brillait, l'air vibrait, et le feuillage des arbres était tout doré, prêt à se détacher des branches, comme le cœur de Franka. Telle Mme Bovary aux premiers temps de son mariage, Franka était décidée à être de la plus belle humeur amoureuse qui soit.

Heinrich parlait de la base aérienne et proférait des maximes idiotes :

"Pilotes, vous êtes un pays merveilleux, mais la Forêt-Noire est la plus belle des saisons !" déblatérait-il bêtement tandis qu'elle parlait du cours d'ethnologie où elle avait fait un exposé sur les différentes formes de petits pains, lui demandant s'il savait que les petits pains représentaient le sexe féminin. Cela le fit tant rire qu'il dut presque s'arrêter sur le bord de la route. Ils se moquèrent des soldats imbéciles et des étudiants plus bêtes encore, Franka se sentait libre, heureuse et belle, et elle pensait : Dans quelques heures, j'aurai passé le cap, et, lui, il fera cela comme il faut.

Ils prirent une chambre double dans une vieille auberge. Il y avait deux lits placés l'un contre l'autre, et les draps étaient d'un blanc éclatant. La chambre était mansardée et donnait sur une petite place au milieu de laquelle chantait une fontaine. Franka ouvrit la fenêtre en grand puis s'allongea, les deux bras écartés, comme crucifiée, sur l'un des deux lits. Heinrich disparut dans la salle de bains, pissa, se lava les mains et le visage, s'ébroua sous l'eau froide et ne referma la braguette de son jean qu'en revenant dans la chambre. Presque tous les hommes faisaient cela, même lorsqu'ils sortaient des toilettes d'un restaurant. Franka avait souvent été témoin de ce genre de scène et trouvait cela répugnant, mais chez Heinrich cela lui parut excitant. Son torse était nu et, contrairement à Albert Mattes, rue Neukirche, il n'avait pas de poils sur la poitrine. Pour chacun des hommes qu'elle rencontrait, Franka essayait d'abord de deviner discrètement s'il avait des poils sur la poitrine, et si c'était le cas, alors il n'y avait plus rien à faire. Pour Heinrich, elle avait supposé que tout serait parfait. Tout était parfait.

Heinrich l'observa et sentit qu'elle était prête. Il avait connu assez de femmes pour humer le parfum si particulier du désir. Il ôta à Franka ses tennis sans en dénouer les lacets, fit glisser son jean sur ses cuisses et lui enleva son tee-shirt.

"Oh, murmura-t-il d'une voix rauque, pas de lingerie."

Puis :

"Jolie poitrine."

Il embrassa les seins de Franka, quitta lui aussi son jean, et Franka passa ses jambes et ses bras autour de lui en chuchotant :

"Heinrich, mon secret, c'est ça : tu es le premier."

Il pesait sur son corps. Son sexe dur devint mou.

"Merde", dit-il.

Il releva la tête et la regarda, puis se mettant tous deux à pouffer, ils s'enlacèrent, se tordirent de rire sur le lit, tandis qu'il s'exclamait :

"Mais enfin, ce n'est pas possible, quel âge tu as ? Dix-neuf ans ? Mais qu'est-ce que tu as fichu pendant toutes ces années ? Et comment se fait-il que tu joues comme ça la fille expérimentée et que tu ailles à l'hôtel avec le premier beau gosse venu ?

— Parce que je savais que tu étais le meilleur, répondit Franka. J'ai attendu tout ce temps qu'arrive le bon.

— Et le bon, c'est moi ?" demanda-t-il, incrédule.

Elle hocha la tête.

"Tu es connaisseur, dit-elle, connaisseur et capable. Ça se voit. Je veux quelqu'un qui fera ça bien. Avec qui ce sera – agréable."

Il s'assit sur le lit, nu, farfouilla dans la poche de son pantalon pour attraper ses cigarettes et en alluma une pour tous les deux.

"Je croyais que c'était toujours après qu'on fumait, non ? remarqua Franka effrontément.

— Très drôle, au moins, tu sais déjà ça, dit-il et, après avoir tiré la première bouffée, il soupira : La belle affaire. Ça n'a rien d'agréable la première fois, en tout cas, c'est ce que disent toutes les femmes avec qui j'en ai parlé. Parce que, moi aussi, il faut que je te dise quelque chose."

Il s'allongea près d'elle et recracha la fumée vers le plafond.

"C'est vrai, dit-il ensuite, j'ai eu un tas d'aventures avec des femmes, mais jamais avec des vierges. La plupart des hommes aiment ça, pas moi. J'ai toujours évité. J'ai évité, ou alors j'ai eu de la chance. Sacré bon Dieu, et voilà que tu te pointes, petite étudiante.

— Il faut bien qu'il y en ait un qui le fasse, dit Franka, ils étaient tous trop débiles jusqu'à présent. Tu ne vas pas fléchir maintenant ?

— Tu ne crois pas si bien dire, grimaça-t-il en montrant son zizi ratatiné.

— On peut arranger ça", dit Franka en posant ses mains dessus.

Et ils arrangèrent ça.

"Ça va te faire mal, murmura-t-il en glissant rapidement une serviette de toilette sous elle, et ça va aussi saigner."

Franka ferma les yeux et s'ouvrit autant qu'elle le pouvait, son cœur, son corps, son âme étaient ouverts devant et sous cet homme qui faisait enfin, avec douceur et précaution, ce qu'elle avait attendu si longtemps. Ils transpiraient tous deux, sa respiration s'accéléra, elle poussa un petit cri lorsqu'elle le sentit en elle, et il chuchota : "Tu sais ce qu'on dit en Bavière pour ça ? Comme à la fête de la bière : décapsulée.

— D'ailleurs, on est en octobre", haleta Franka.

Ils furent pris d'un tel fou rire qu'il glissa hors d'elle, mais il revint, la tint fermement dans ses bras, caressa son visage et chuchota tendrement : "Décapsulée, petite étudiante folle. Maintenant, tu as franchi le cap."

Franka sentit son corps à lui se raidir tout entier, elle le sentit jouir, elle sentit son corps chaud et détendu peser sur elle. Elle le serrait fort dans ses bras et dit : “Merci. Ça n’a pas été horrible. C’était magnifique. On recommence tout de suite.”

Mais il se leva, prit la serviette de toilette et la lava dans la salle de bains, apporta à Franka un gant de toilette humide, essuya le sang et la sueur qui collaient sur elle, et c’était exactement ce qu’elle avait toujours attendu de son premier amant. Elle avait eu raison et elle était si heureuse qu’elle bondit du lit pour observer son visage dans le miroir.

“Ça se voit ? demanda-t-elle en découvrant ses joues rougies et ses cheveux ébouriffés.

— Ça se sent”, dit-il, et il s’approcha d’elle par-derrière et posa ses mains sur les seins de Franka. Elle ressentit tant de joie, de désir et de bonheur qu’elle laissa échapper au-dehors un cri de jubilation. Quelques ménagères qui faisaient le marché jetèrent un œil vers la fenêtre, Franka leur fit un signe de la main puis attira Heinrich sur le lit.

Avant de se rendre au mariage de son ami, ils avaient encore fait l’amour quatre fois. Franka pouvait à peine marcher, tout lui faisait mal et la brûlait, mais c’était une sensation grandiose. Elle était appuyée contre un mur, rayonnante et enflammée, elle buvait, flirtait, et quand Heinrich passa près d’elle et chuchota : “Mince, ne sois pas si rayonnante, ça se voit vraiment”, elle répondit en chuchotant à son tour : “On recommence tout de suite après.”

Ils restèrent deux jours à Landsberg et ne sortirent du lit que pour les repas. Heinrich devait ensuite rentrer à la caserne, mais il décida de prendre des congés et tous deux partirent pour dix jours au lac d’Ammer, où des amis à lui avaient une maison qui était inoccupée. Franka se fit porter pâle à la poste, Walter se chargea de sa tournée en pestant, et elle sécha les cours de la fac.

Ce furent dix jours d'amour. Ils s'aimèrent sur le lit, par terre, sur la table de la cuisine, ils s'aimèrent debout, contre des arbres dans la forêt, dans sa Volkswagen, ils s'aimèrent chaque fois qu'ils purent. Elle pouvait toujours. Et lui était un formidable professeur, il savait tout ce que les hommes et les femmes peuvent faire ensemble, il n'y avait pas de gêne, pas de peur, pas de faux-semblants, tout était possible, tout était permis, et Franka était une élève avide. Elle apprenait à connaître et à aimer son propre corps et celui de Heinrich, avec toutes leurs possibilités et tous leurs parfums, et elle sut ce qu'elle devait savoir pour ne jamais avoir à affronter dans sa vie des peurs ou des déceptions dans ce domaine. Elle pouvait exiger, elle pouvait donner, elle pouvait savourer, et puis après on buvait un verre de vin en fumant une cigarette – comme tout était simple, finalement. Elle était comme ivre.

Dix jours.

Au bout de ces dix jours, elle le regarda et pensa : Maintenant, ça suffit. Il n'y avait plus rien qu'ils puissent encore essayer, et vraiment rien dont ils auraient encore pu discuter, ce serrurier de trente-cinq ans, originaire d'Ulm, et cette petite étudiante de dix-neuf ans. Ils avaient, dans le meilleur sens du terme, épuisé tout leur amour, et pour leur dernière nuit ils restèrent allongés côte à côte sans un mot, satisfaits, dormirent profondément, enlacés, mais pour la première fois sans avoir fait l'amour. C'était leur adieu. Elle pensait en souriant à toutes les inepties qu'il proférait, du "pichet bien tempéré" à "plutôt ne pas travailler que d'être séparés à table". Il avait en réserve des tas de bêtises de ce genre, et cela l'avait fait rire, c'est vrai, mais à présent elle ne voulait plus avoir à entendre cela un jour de plus. Et puis elle avait remarqué que la veille, à l'auberge du village, il avait flirté avec la serveuse, laissant échapper pour elle et non plus pour Franka l'une de ses maximes idiotes : "Une petite auberge vaut mieux qu'une grande usine de chaussures, n'est-ce pas, gente dame ?"

Lui aussi avait fini par se lasser et elle n'en ressentait aucun chagrin, mais plutôt une satisfaction tranquille et détendue. On s'était fait du bien mutuellement, on se séparerait sans aucun drame. Si elle souffrait un peu, c'était plutôt de ne pouvoir l'aimer assez, et non pas parce que lui, selon toute vraisemblance, ne l'aimait pas. Tout à coup, elle craignit d'être incapable d'aimer. Mais elle refoula cette peur, prête à se séparer de lui avec légèreté.

Et c'est ainsi que les choses se passèrent. Ils rentrèrent le jour suivant à Munich, et quand il la déposa devant chez elle elle le prit dans ses bras et dit :

"Je ne t'oublierai jamais, Heinrich. Je te suis reconnaissante à jamais."

En l'embrassant, il répondit :

"Tu as été une élève sacrément douée. A toi d'en faire quelque chose maintenant."

Avant de monter dans la voiture, il demanda :

"On se reverra ?" et Franka hocha la tête.

Elle le regarda s'éloigner et pensa : Bonne chance, mon ami, à chaque coin de rue attendent déjà une foule de femmes frustrées, rends-les toutes heureuses, tu en es capable.

L'après-midi, Franka retrouva Hugo et Walter qui se réjouissaient de la revoir. Walter demanda :

"Qu'est-ce que tu aurais fait si ça avait pété ?"

Franka ne le comprit pas.

"Si ça avait pété ? demanda-t-elle, et Hugo n'en crut pas ses oreilles.

— Ne me dis pas que tu ne t'es rendu compte de rien."

Non, Franka ne s'était rendu compte de rien, elle emporta donc chez elle le journal *Die Zeit* et le magazine *Stern* de l'institutrice à la retraite et y lut avec étonnement que durant ces dix jours, tandis qu'elle apprenait avec Heinrich ce qu'est la passion, le monde s'était trouvé au bord d'un gouffre. La "Crise de Cuba", titraient tous les journaux, la crise de Cuba avait été maîtrisée de justesse sans qu'on en vienne aux armes. Le dimanche où Franka et Heinrich n'avaient pas quitté la chambre, les Etats-Unis avaient activé toute leur ceinture de missiles, depuis le Groenland jusqu'à la Turquie, parce que des missiles soviétiques, directement dirigés vers les Etats-Unis, avaient été repérés à Cuba. Dans un discours, John F. Kennedy avait fait part à la nation – *"My fellow citizens"* – de la gravité de la situation et déclaré la *"highest national urgency"*. Ce jour-là, Franka avait pour la première fois fait l'amour en plein air et cela avait été délicieux. Fidel Castro avait inculqué à son peuple : *"Patria o muerte, venceremos"*, et le conseiller du président, aussi méprisant que belliqueux, avait déclaré : *"Let's bomb them back into the Stone Age."* A ce moment-là, Franka était dans la baignoire avec Heinrich, près du lac d'Ammer. Les gens avaient commencé à faire des provisions en prévision d'une guerre atomique, la poste américaine avait assuré en guise de consolation : "S'il reste encore quelque chose après la bombe, alors nous serons là pour distribuer le courrier !", et les enfants avaient appris à l'école : *"Duck and cover !"* Un cartable ou un banc d'école sur la tête, on ferme les yeux et on court, quand la bombe tombe.

Franka ne se sentait pas alors aussi concernée par la politique qu'elle le serait quelques années plus tard, avec les manifestations dans les universités. Mais qu'il s'était passé là quelque chose qui aurait pu changer tragiquement ou même détruire le monde, ça, elle le comprenait. Tandis que pour la première fois de sa vie elle passait ses jours et ses nuits au lit avec un homme, tout était sens dessus dessous dans les Caraïbes, et une grande partie du monde aurait pu être réduite à néant. Elle s'effraya de l'obstination avec laquelle ceux qui sont absorbés par eux-mêmes tournent le dos au monde entier.

Puis Franka se replongea dans ses études, légère, affairée, et simplement par plaisir, simplement pour essayer ce qu'elle venait d'apprendre, elle entama une liaison avec le chargé de cours d'ethnologie, à qui elle montra à quoi ressemble un petit pain.

Trois semaines plus tard, Heinrich et Franka se revirent une dernière fois autour d'un pichet bien tempéré.

"Donne-moi ton numéro de téléphone, dit-il, je suis en train d'établir le nouvel annuaire."

Toujours ces plaisanteries ; entre-temps, elle ne parvenait plus du tout à en rire, mais en le regardant elle pensa à leurs nuits riches de désirs et d'enseignement et elle éprouva de la gratitude envers lui. Mais elle ne le désirait plus.

Peu après, Heinrich quitta l'armée. Il avait eu de gros ennuis à cause de la crise de Cuba, pendant laquelle il avait été introuvable alors que tout le monde était sur le pied de guerre. Ses indemnités en poche, il retournait donc maintenant à Ulm où il voulait ouvrir une laverie.

Franka l'oublia, mais jamais complètement. Ses relations avec les hommes étaient bonnes, passionnées, simples. Dans les années qui suivirent, elle eut quelques histoires d'amour un peu plus longues, puis elle épousa le directeur d'une usine de fil de cuivre. Il était riche, elle était riche, ils étaient heureux. Franka s'appelait de nouveau Franziska et traduisait de la littérature française et italienne. Son mari et elle faisaient souvent des voyages dans le monde entier, ils s'entendaient bien et n'avaient pas d'enfants. Franziska ne savait pas exactement si son mari lui était toujours fidèle. Ils n'étaient pas le genre de couple à se torturer sans cesse avec des coups de fil de contrôle, et la jalousie était un sentiment qu'ils considéraient tous deux comme bête et superflu. Ne pas trop surveiller évite d'être jaloux, pensait Franziska, et son mari pensait sans doute la même chose : ils vivaient ensemble, sereins et heureux, et ils prenaient garde de ne pas réduire cela à néant en menant des interrogatoires insensés. Après vingt ans de mariage, ils faisaient encore l'amour ensemble de temps en temps, avec plaisir, et pendant toutes ces années, Franziska ne l'avait trompé que deux fois – de brèves affaires purement passionnelles, chaque fois pour une nuit seulement. Cela ne comptait pas. Si l'amour qu'elle avait toujours cherché existait vraiment, ça, elle n'en savait rien. Elle avait le sentiment qu'il existait beaucoup d'attentes dans l'amour, qu'il existait même des preuves d'amour, mais quant à l'amour lui-même, il restait caché comme Dieu dans le buisson ardent. Un fantôme qui ne se laissait pas saisir. Mais que l'on effleurait parfois.

A l'automne 1989, le mari de Franziska était parti pour deux semaines en Nouvelle-Zélande où il devait conclure un nouveau marché. Pendant ce temps, Franziska s'était rendue à Munich chez une amie avec qui elle comptait faire les magasins et aller au théâtre, mais le père de cette amie eut un accident et sa fille dut prendre soin de lui. Franziska reprit donc le train pour rentrer chez elle. Elle habitait près de Stuttgart.

C'était un jour gris, mélancolique. Franziska voyageait en première classe et regardait la pluie tomber. Elle avait maintenant quarante-six ans et se sentait parfois nostalgique en pensant à la Franka d'alors, si instable et remuante, en pensant aux égarements, au cœur qui bat la chamade, aux piaffements d'impatience, aux pensées audacieuses et aux actes spontanés, mais elle avait vieilli, elle était aujourd'hui une dame habillée en Armani, portait une bague en diamant et une montre hors de prix, et le temps de l'aventure semblait bien loin.

Elle se rendit dans la voiture-bar, commanda une petite bouteille de vin et de quoi manger, et tandis qu'elle attendait sa commande l'annonce retentit : “Mesdames et messieurs, dans quelques instants, nous arriverons en gare d'Ulm, Ulm : 3 minutes d'arrêt.”

Ulm. Heinrich n'avait-il pas autrefois emménagé à Ulm, il y a de cela vingt-sept ans ? Vivait-il toujours là-bas ? Et soudain, pour la première fois depuis ce temps-là, et peut-être uniquement parce que Ulm ne se trouvait qu'à cinq minutes d'elle, elle eut très envie de revoir Heinrich. Elle avait le temps, il y avait toujours des trains pour Stuttgart, pourquoi pas. Franziska posa sur le comptoir l'argent de sa commande sans attendre son repas ni boire son vin et elle retourna dans le wagon pour mettre son manteau et descendre sa valise du filet. Elle ne songeait pas à ce qu'elle voulait. Elle le voulait, voilà tout, et en un instant sa mélancolie s'envola.

Le train s'arrêta à Ulm et Franziska descendit, avec dans le ventre une sensation de gaieté, un chatouillement. "Juste pour voir", pensa-t-elle et elle se dirigea vers la poste et les annuaires.

Elle trouva immédiatement son nom, ce n'était pas un nom si courant, et il y avait une adresse. Franziska ne nota que l'adresse, pas le numéro de téléphone, et monta dans un taxi.

Ce n'est qu'une fois devant sa porte – c'était un vieil immeuble avec de nombreux appartements, il habitait au premier étage – qu'elle se sentit soudain mal à l'aise. Il serait bien entendu marié. Et, bien entendu, il ne la reconnaîtrait même pas. Il avait à présent soixante-deux ans, et comment pourrait-elle expliquer à sa femme qui elle était et pourquoi elle sonnait ? Une amie de jeunesse, de passage à Ulm, un petit bonjour, juste dix minutes – la curiosité fut plus forte que les angoisses et les scrupules, et Franziska sonna à la porte. Elle pria le chauffeur de taxi de l'attendre.

La porte de l'immeuble s'ouvrit automatiquement. Franziska monta au premier étage, il se tenait là. Elle le reconnut tout de suite, mais le visage de Heinrich trahissait une incertitude. Il était devenu un vieil homme massif, il portait un gilet de laine difforme et un pantalon de velours brun usé aux genoux, et il la regardait.

"Tu te souviens de moi, Heinrich ? dit Franka en lui tendant la main. C'est moi, la petite étudiante. Franka.

— Pas possible, dit-il et il la prit dans ses bras. Ça fait combien de temps ?

— Presque trente ans, dit Franziska et elle le regarda. Je suis de passage à Ulm, et j'ai juste eu envie de te revoir."

Elle observa son vieux visage fatigué, les rides profondes, les stigmates de l'excès d'alcool. Il portait des lunettes. Mais il y avait toujours dans ses yeux clairs les traces de son charme juvénile.

"Entre", dit-il en la conduisant dans un appartement qui sentait le moisi et le renfermé. Elle prit place dans un salon modeste que meublaient un canapé de cuir, un placard occupant tout un mur et un téléviseur. Elle ôta son manteau tandis qu'il allait chercher une bouteille de cognac et deux verres.

"La petite Franka, dit-il et il l'examina avec attention. Tu t'es bien conservée, contrairement à moi.

— C'est que j'ai seize bonnes années de moins que toi, dit-elle en riant et il demanda :

— Seize ans de moins ? Tu étais déjà si jeune à l'époque ?"

Ils levèrent leurs verres, burent, et Franka demanda :

"Qu'est-ce que tu deviens ? Que devient la laverie, allez, raconte.

— Tu te souviens encore de ça ? s'étonna-t-il. Oui, j'ai fait ça à l'époque, deux laveries, ça marchait bien. Maintenant je suis à la retraite anticipée, un accident – il releva le bas de son pantalon et montra une grande cicatrice rouge. Et le foie. Toujours trop picolé.

— Marié ? demanda Franziska, sans voir dans cet appartement consternant la moindre trace d'une présence féminine.

— Trois fois, dit Heinrich, et il sourit à nouveau de son sourire impertinent et sûr de lui, ce sourire qui l'avait autrefois envoûtée. Trois mariages, trois divorces, deux filles. Et toi ?

— Mariée et heureuse, sans enfants", dit Franziska.

Elle le scruta du regard.

"Je me souviens de tout, dit-elle en souriant.

— Ma foi, dit-il, je ne me souviens pas de tout, mais de beaucoup. Je me souviens bien de toi, Franka. De nous. J'étais ton premier amant.

— Tu étais le premier, dit-elle en hochant la tête, et tu as été épatant. Comment vont les amours, maintenant ?"

Il fit un geste de dénégation.

"Le calme plat. Je n'ai plus fait l'amour à une femme depuis quatre ou cinq ans. Il ne se passe plus rien."

Franka n'en croyait pas ses oreilles.

"Mais tu étais un amant si formidable, dit-elle, ça ne s'arrête pas juste comme ça, et sûrement pas à soixante-deux ans ? Pense un peu à Charlie Chaplin, il a fait des enfants à plus de quatre-vingts ans. Ou Anthony Quinn.

— Tu es venue pour que je te fasse un enfant ? dit-il en souriant d'un air moqueur, et elle répondit :

— Je suis déjà ménopausée, tu imagines."

Ils rirent tous deux et trinquèrent encore une fois, Heinrich remplit à nouveau les verres, et vint alors un instant où Franziska eut cette certitude : soit il se passait maintenant autre chose, soit elle partait sur-le-champ et prenait le premier train pour Stuttgart.

"Tu sais quoi, dit-elle, et son cœur battait la chamade comme autrefois. Je suis heureuse de te revoir. On va prendre une chambre tous les deux dans un bel hôtel, comme autrefois, et ce soir, nous irons ensemble manger comme des rois, qu'est-ce que tu en dis ?"

Il comprit tout de suite.

"Pourquoi avons-nous besoin d'un hôtel ? demanda-t-il malgré tout. On peut aussi aller au restaurant comme ça ?

— Non, répondit simplement Franziska, et elle se leva, enfila son manteau et reprit : Enfile un manteau et des chaussures, tu n'as besoin de rien d'autre.

— Attends, dit-il, je ne peux quand même pas y aller comme ça, et il pointa son doigt sur le gilet tricoté et le pantalon de velours.

— Non, dit Franziska, tu ne peux pas y aller comme ça, et c'est pourquoi nous allons tout de suite remédier au problème, fais-moi confiance, laisse-toi juste aller. A l'époque, c'est toi qui as tout payé, aujourd'hui, c'est moi qui paie. J'ai de l'argent.

— Ça se voit", dit-il et il enfila son manteau et ses chaussures.

Il souffla en se penchant et dit :

"Je ne suis plus l'Adonis d'autrefois.

— C'est ce qu'on va voir, dit Franziska et elle s'étonna qu'il connaisse un mot comme Adonis. Ce qu'on a su faire un jour, on ne l'oublie jamais, l'amour, c'est comme le patin à glace ou le piano. Il faut juste s'entraîner un peu."

Heinrich se redressa, prit le visage de Franka dans une main et, soudain, il apparut à Franka aussi sûr de lui, aussi viril et aussi merveilleux qu'autrefois.

"Et maintenant, on va s'entraîner ?" demanda-t-il.

Elle hocha la tête et il l'embrassa, fermement, avec insistance, comme autrefois. Elle murmura :

"J'ai toujours voulu te remercier, peut-être le bon moment est-il arrivé."

Ils prirent le taxi pour se rendre dans le plus chic des magasins de confection pour hommes. Ils étaient assis à l'arrière et se tenaient par la main comme des adolescents amoureux. Franziska acheta pour Heinrich un costume et une belle veste souple, et avec ça, deux chemises rayées bleu et blanc, un jean Versace et des chaussettes de soie. Elle le suivit dans la cabine d'essayage, pressa son corps contre le sien et elle vit et sentit qu'il était encore tout à fait capable d'aimer une femme.

Ils prirent une suite dans le meilleur hôtel.

"Pour combien de nuits ?" demanda le réceptionniste.

Franziska regarda Heinrich et dit hardiment :

"Cinq."

Il se contenta de rire, secoua la tête et souleva les sacs qui contenaient ses vieilles affaires et ses nouveaux achats, mis à part la veste, qu'il portait déjà.

Une fois dans la suite, ils ôtèrent tous leurs vêtements et observèrent leurs corps sans aucune gêne, sans aucune honte, après tant d'années. Ils avaient tous deux pris du poids, ils avaient tous deux la peau ridée. Les seins de Franziska n'étaient plus aussi fermes qu'autrefois, le ventre d'Heinrich non plus, mais son torse était aussi lisse et beau qu'il l'avait toujours été. Excepté la grande cicatrice qui s'étirait sur sa jambe gauche, ils connaissaient et aimaient tout l'un de l'autre ; ils se regardèrent dans les yeux et ressentirent le même désir qu'autrefois.

"Viens, dit-elle en l'attirant vers le lit qui était grand, large et cette fois à deux places. Aujourd'hui, tu n'auras pas de mal à te donner avec une débutante. Aujourd'hui, je vais te montrer tout ce que tu m'as appris autrefois, pour que tu te rappelles comment ça marche et comme c'est bon."

Ils firent l'amour, prirent un bain ensemble, se firent apporter le dîner dans la chambre, burent de bons vins, assis à la petite table près de la fenêtre, ils allumèrent des bougies, parlèrent et se racontèrent toute leur vie, puis ils firent de nouveau l'amour et, confiants, sombrèrent côte à côte dans un sommeil profond et sans rêve. Ils n'allumèrent pas la télé, ne lurent pas les journaux. Toute leur attention se portait sur eux-mêmes, exactement comme vingt-sept ans auparavant. Tout pourtant était plus serein, plus mûr, plus évident qu'autrefois, et ils étaient extrêmement heureux. Le soir, ils sortaient se promener, étroitement enlacés, fumaient, buvaient un verre dans un petit bar quelconque, puis rentraient à l'hôtel sans se presser, faisaient de nouveau l'amour, répétant tout ce qu'ils avaient déjà fait ensemble, avec le même désir, mais un peu plus lentement, sans cette avidité, avec bien plus d'aisance et de sérénité. Allongé près d'elle, épuisé, il la regardait.

"Je n'aurais jamais cru que j'étais encore capable de ça", dit-il.

Et Franziska caressa son visage, émue par les larmes qu'elle voyait dans ses yeux clairs, puis elle dit :

"Un bon amant reste toujours un bon amant, même s'il fait une pause.

— Tu m'as redonné ce que je croyais perdu, murmura-t-il en l'embrassant sur l'épaule, et Franziska rétorqua :

— Je ne t'ai rien donné que tu ne m'aies toi-même donné autrefois."

Le dernier jour, ils dînèrent dans le restaurant de l'hôtel, à une petite table en retrait. Les gens étaient étrangement nerveux, comme si quelque chose était arrivé, mais ni Franziska, ni Heinrich n'y prêtèrent attention, ils commandèrent du champagne pour se dire adieu, et soudain Heinrich recommença avec l'une de ses célèbres sentences absurdes qu'il gardait en réserve : "J'avais déjà peur de n'être plus qu'une vieille branche. Mais, finalement, la peur ne fait pas le bonheur, pas vrai ?" Et quand Franziska vit ensuite qu'il avait remarqué à quelques tables de là une blonde bizarrement accoutrée, et qu'il commençait à flirter avec elle de loin, elle en fut certaine : elle lui avait rendu la vie. La vie, les femmes, l'amour. Elle était satisfaite.

Ils firent leurs bagages le jour suivant. Elle le déposa en taxi devant son appartement, avant de se rendre à la gare.

"Attendez-moi un instant", dit-elle une nouvelle fois au chauffeur et elle descendit de la voiture. Ils s'enlacèrent devant la porte de l'immeuble.

"Merci, dit Heinrich, et Franziska répondit :

— Pourquoi ? C'est moi qui te remercie. Nous sommes quittes.

— Tu me donnes ton numéro de téléphone ? demanda-t-il, et elle secoua la tête.

— Non, dit-elle, à moins que tu n'en aies absolument besoin pour la nouvelle édition de l'annuaire."

Ils rirent ensemble et s'embrassèrent une dernière fois, Franziska savait que c'était vraiment la dernière fois.

Puis elle monta dans le taxi et dit : "A la gare, s'il vous plaît !", sans plus se retourner pour voir Heinrich, qui, debout devant la porte de son immeuble, tenant à la main le sac avec le costume, lui faisait encore signe, un vieil homme, mais qui se tenait droit, sûr de lui, un homme toujours séduisant. Comme disait Franziska, il étincelait de nouveau.

A la gare, Franziska acheta le journal et, une fois installée en première classe, elle y lut que durant ces quelques jours qu'elle avait passés au lit avec Heinrich, tout occupée d'elle-même et de son bonheur, que durant ces quelques jours entre le 6 et le 11 novembre 1989, le mur de Berlin était tombé.

Ils n'avaient rien remarqué.

RÉFÉRENCES BIBLIOGRAPHIQUES

Page 27 :
Johann Wolfgang von Goethe, *Les Années d'apprentissage de Wilhelm Meister*, traduction de Jean-Pierre Lefebvre, in *Anthologie bilingue de la poésie allemande*, gallimard, "Bibliothèque de la Pléiade".

Page 33-34 :
Friedrich von Schiller, *Guillaume Tell*, traduction d'Auguste Ehrhard, éditions Montaigne.

Page 158 :
Else Lasker-Schüler, "Adieu", in *Mon piano bleu. Poésies complètes*, tome I, traduction de Jean-Yves Masson et Annick Yaiche, éditions Fourbis.

TABLE

OUVRAGE RÉALISÉ
PAR L'ATELIER GRAPHIQUE ACTES SUD
ET ACHEVÉ D'IMPRIMER
EN AVRIL 2004
PAR L'IMPRIMERIE FLOCH
A MAYENNE
POUR LE COMPTE DES ÉDITIONS
ACTES SUD
LE MÉJAN
PLACE NINA-BERBEROVA
13200 ARLES

DÉPÔT LÉGAL
1re ÉDITION : MAI 2004
N° impr. : 59939
(Imprimé en France)